一流女性の
あたりまえ

諏内えみ
Emi Sunai

扶桑社

一流女性のあたりまえ

はじめに
Prologue

「あんな方とお付き合いしたいわ」

「こんな男性からプロポーズされたい」

「結婚するなら、絶対に○○○な人！」

「ここまで来たら、妥協だけはしたくない」

「もっといい人が現れるはず……」


　このように、結婚のお相手に多くの希望や条件をお持ちのあなた。ここでご自身を冷静に、客観的に検証してみてください。その理想の結婚相手とする男性があなたの前に現れた時、今のあなたは自信たっぷりに、そしてエレガントにふるまうことができますか？　何ら引けも取らず対等に堂々と会話することができるでしょうか？　彼のご両親や彼の周りのどなたからも、『ハイクラスな男性にふさわしい女性』と評価いただけるでしょうか？

今、少しでも不安がよぎった方には、ぜひ、本書をお急ぎお読みいただきたいのです。

また、『これまでの婚活が思い通りに運んでいない』という方にも！

対策を急ぐ必要があることは、ご自身が十分感じていらっしゃることでしょう。それにもかかわらず、「そのうち……」「今は○○だから」「今月は忙しいから」「どうしたらいいのかわからないし」「いつか……」と、まずできない理由を考え、やらない言い訳を並べて自分を納得させたりごまかしたりしている女性のなんと多いこと！

もし、あなたの婚活が1年前から、いいえ、1ヶ月前から進展していないのなら、今のままでは、やり方を変えなければ、来月もそして来年も「どうしたらいいのかわからない」「いつか……」など、きっと同じセリフをおっしゃっていることでしょう！　それはあなたの本意ではないはずです。

私のマナースクール「ライビウム」でも、婚活に悩めるたくさんの男性女性から毎日のようにご相談をお受けしています。「婚活って、何から始めたらいいのかわからない」といった婚活初心者の方から、「先生、ずっと結果が出ないんです」「全然うまくいかなくて」「途方に暮れています……」など、4年間もひとつの成果もなく疲れ果てている方、そして「もうこれが最後のチャンスだと、思い切って来ました」と、すがるような思いでいらしてくださる方……このように多くの男性女性が「婚活カウンセリング」で様々なご不安、お悩み、諦め、そして希望など本音を語ってくれています。

同じようなお悩みをお持ちのあなた。そして希望をお持ちのあなた。

大丈夫です。

これまで数多の婚活成功者を生みだしてきた私が、その生徒さんたちの成功例や失敗例など、実例をふんだんに交え、最強のメソッドでお導きいたします。

諏内えみ　ふたつのコンセプト

〝諏内メソッド〟でレッスンなされば、階段を上がるようにあなたの立つステージがどんどん高くなっていきます。1週間後には「あら？　私ったらいつの間にこんなところに！」と嬉しい驚きを感じるかもしれません。

それは、お見合いのお相手から「ぜひ、またお会いしたい」と連絡を受けた時なのか、いつも1度お会いしても次に繋がらなかったあなたが、2回目のデートにお誘いいただいた時なのか、同僚の憧れの男性から突然お食事に誘われた時なのか。それとも、今は想像もつかない映画のような展開が起こった時なのか……この後、高嶺へとステージが上がっていくあなたの姿を、私もワクワクして見届けたい思いです。

そこで、『本物の高嶺の〝華〟』へ導かせていただくため、ここで私のコンセプトを、ふたつお伝えしておきましょう。

1 『媚びない女性』へ

こちらは私の、そして本書の大切なテーマとなります。

過度な女子力アピールや、品性を失ってしまう女性アピールではなく、媚びない、凛とした品格溢れる女性に、あなたをつくり上げたいのです。そのような女性だからこそ、真に最高の男性から、最高のパートナーとして選ばれるはずです。

これが『本物の高嶺の〝華〟』を目指すあなたへの、絶対的な条件です。

2 『選ばれる女性』から『選べる女性』へ

私のスクールには、まさに婚活中の方や、これから婚活を始めたいという方はもちろんですが、婚活以外でも幼稚園受験、小学校受験を控えた親子の方々、また、就活や転職に向けて……など、様々な男性女性がお通いくださっています。そして、その生徒さんたちは当然「名門校から選ばれたい」「難関幼稚園から合格をもらいたい」「第一志望の企業から、ぜひ来てほしいと言われたい」と願っています。

私たちは、このように受験も就職も相手側から選んでもらうことばかり考えがちです。誰もが認める高い評価の名門幼稚園や有名校、一流企業からオファーや合格をもらえれば、ほとんどの方が迷わずＹＥＳの返事をするでしょう。また、第一志望ではなく、いわゆるすべり止めと考えていたところに合格をいただいた際も、「贅沢は言わず、取っていただけるところにありがたく通う」……と考える方も多いでしょう。

婚活も例外ではありません。「ハイスペックな男性からお見合いを申し込まれたい」「意中の彼から選ばれたい」と、『選ばれる女性』になりたいのは〝あたりまえ〟でしょう。

ただし、あなたが〝一流女性〟であるなら、ブランドや周りの評価に囚われることなく、こだわることなく、しがみつくこともなく、ご自身でも相手を選び抜き、そしてお返事ができる女性であるべきと考えます。

ご縁あって本書を手に取ってくださったあなたには、『選ばれる女性』はもちろんのこと、ぜひその先、つまりあなたが『選べる女性』となられるまで、もうひと段階ステージを上がれるよう私にご誘導させてください。

さあ、あなたが『高嶺の〝華〟』に、そして、『媚びない女性』『選べる女性』となるよう、次のステージへとシフトしてまいりましょう。そう、今日から。

Contents

First-class woman,
New common sense

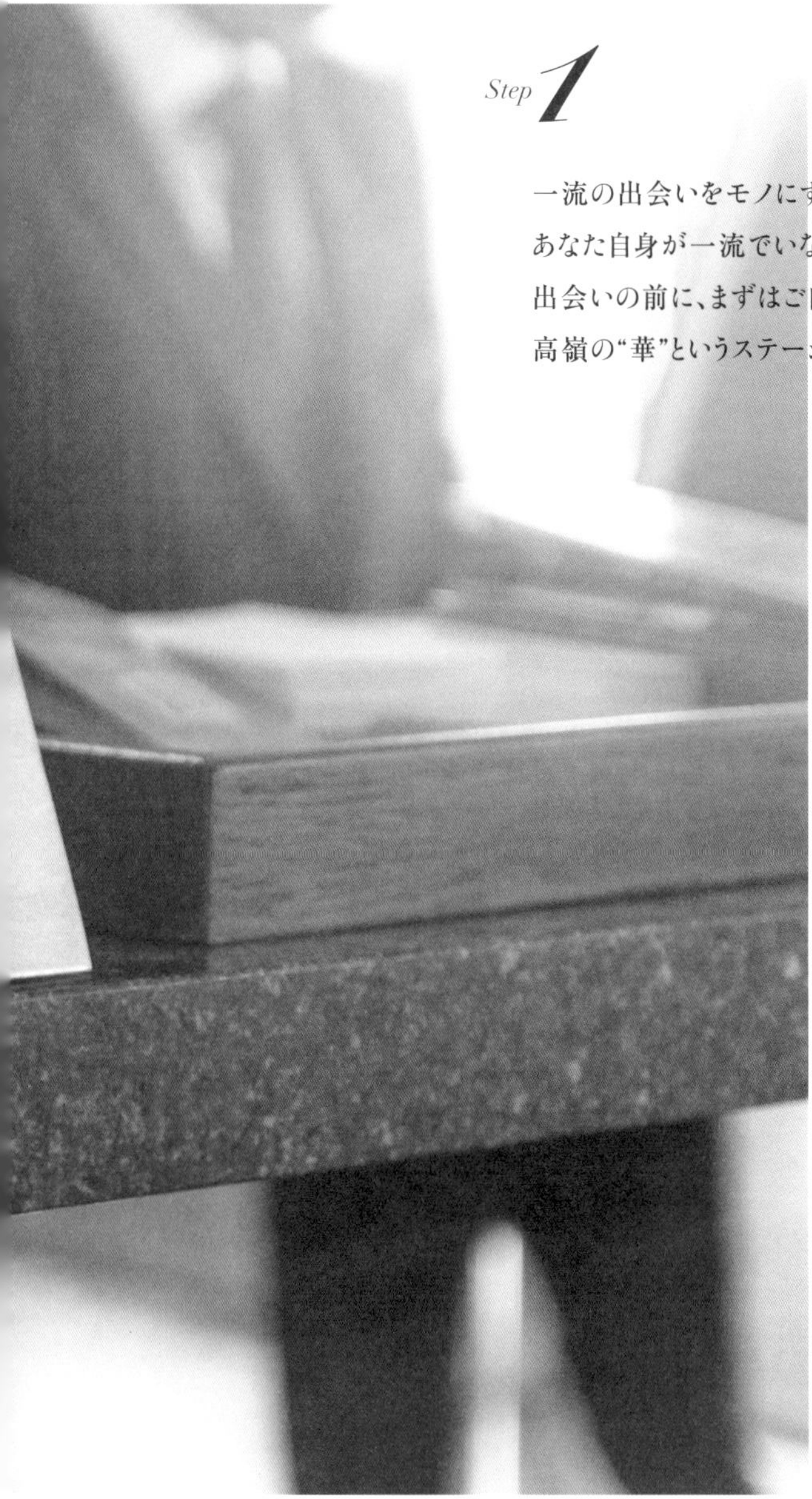

Step 1

一流の出会いをモノにするには、
あなた自身が一流でいなくてはなりません。
出会いの前に、まずはご自身を
高嶺の"華"というステージへシフトしましょう。

CONCIERGE

Step 1 Emi

出会い。その前に
～高嶺の“華”のお稽古

“一流の彼”との結婚を目指す、その前に。
まずは、ご自身が高嶺の“華”になるために、
何が足りていないかを、今、冷静に振り返ってみましょう。
“一流の彼”の周りには、おそらくたくさんの
ライバルが存在するはず。
あなたがその中から抜き出るには、
あなた自身が、誰もが憧れる“一流の彼”の、
高嶺の“華”にならなくてはなりません。
自信がなくても大丈夫。
今からお稽古していくのですから。

Check List
チェックリスト

1 □「育ちがいい」「品がある」と言われる

2 □ 第一印象には自信がある

3 □ カフェやレストランでは、わりといい席に案内される

4 □ 普段から、お箸は三手※の動作で行っている

5 □ フィッシュスプーンとフィンガーボウルが出てきても困らない

6 □ 和室でのふるまいや、座布団の作法を心得ている

7 □ 男性に媚びる女性にはなりたくない

8 □ 日々、四季や旬、行事を大切にしている

9 □ 話題の引き出しは多いほう

10 □ エスコートを優雅に受けられる

※右手→左手→右手というように、3回に分けてお箸を上げ下げすること。

Step

1

まずは、本当の"一流"を知る

諏内えみが検証！ あなたの"一流女性"度は？

☑10　素晴らしい！ "一流女性"に近い方でしょう。念のため本書を確認してくださいね

☑7～9　意識がお高い方ですね。さらに"高嶺"を目指しましょう

☑4～6　このまま『平均的な女性』に収まらないで！ 一歩一歩確実に"高嶺"のステージに上がってください

☑1～3　ここからが"一流女性"へのスタートラインです！ 丁寧に本書を読み進めていきましょう

☑0　大丈夫です！ 私がお導きしますので、ご一緒にレッスンしてまいりましょう

諏内えみが考える高嶺の"華"

"華"＝派手ということではありません。

品、そして品格を兼ね備えた美しさ、いわゆる『ちゃんとした』『わきまえた』『節度ある』方が大人の女性であり、その上で"華"がある女性を指します。

では、そのような高嶺に位置する"華"のある女性とは、いったいどのような人なのでしょうか？

『華席』が似合う女性

みなさんは、『華席』という言葉をお聞きになったことがおありでしょうか？

『華席』とは、主にレストランなどの業界用語として使われています。その日のゲ

ストの中で最もお店のランクにふさわしい方やそれ以上の方、さらに、お店の格を上げてくれる方、雰囲気を引き上げてくれる方、ぜひ目立って欲しいという方をご案内なさる極上の席となります。他のゲストからもよく見える、主に中央などに位置する最も上席のテーブル。それが『華席』です。

この『華席』にご案内されるということは、品と魅力のある素晴らしいお客さまに対しての、レストラン側からの敬意の表れでもあります。ですから、『華席』にご案内いただける女性か否かは、お店側、つまり、他人が測るあなたのレベルであり、あなたのランクです。あなた自身も自己の評価とランクを知り得るバロメーターとなりますね。

例えば、海外旅行でちょっと気取ったレストランを訪れた際、座り心地が良さそうでゴージャスな席がいくつも空いているのに、不本意にも出入り口近くや通路付近のまったく落ち着かない席に案内されてしまった……。「あちらの席に移ってもいいですか？」と尋ねたら断られた……。自分よりずっと後に入店したエレガントな外国の方が一番いい席に誘導されていた……。ヨーロッパのお洒落なカフェのテラス席でカフェオレを飲みたかったのに、店内しか案内できないと言われた……。など、苦いご経験をお持ちの方も少なからずいらっしゃることでしょう。これを不公平だ、失礼だ、とおっしゃる前に、ご自身の装い、エントランスでのふるまいや表情を思い返してみてください。あなたはそのクラスのお店の『華席』や上席にふさわしかったでしょうか？　それ以前に、そのお店自体のランクにふさわしかったでしょうか？

まずは、他人から見た入店時のあなたの印象、評価というものを冷静に振り返ってみる必要があるはずです。

もちろん入店前の段階でも同様なことが言えます。電話でお店の予約をなさる際の言葉遣いや話し方、または、予約フォームに記載した文面だけで、素晴らしいゲストと判断され、『華席』をご用意くださることも。もちろんその逆も！

このような苦い経験をお持ちのみなさま、いよいよリベンジの時がやってきましたよ。あなたがお店に入るやいなや、サッと上席にご案内される女性、また、期待以上のゲストと評価され歓迎される女性であれば、お店もあなたも双方リスペクトし合い、お互いが高め合える素晴らしい空間、時間となることでしょう！

ここではひとつの例として、レストランでの『華席』のお話をいたしましたが、こちらを男性に置き換えてみてください。意中の男性にとってあなたが最高の女性、期待以上の〝一流女性〟と認められれば、すんなりと『婚活の華席』へと繋がります。
この願いが叶う日はそう遠くないはず。どうぞその心づもりで、ぜひ楽しみながら本書を読み進めていってください。

出会いが晴れとは限らない

雨の日のあるある話です！「雨なのでこんな格好ですみません」「今日は雨だから、どうでもいい靴履いて来てしまったので……」。これはレッスンにいらっしゃる生徒さんから実によくお聞きするセリフです。その際に私が決まってお伝えする言葉は、「雨の日こそ出会いがあるかもしれませんよ！」。

生放送の番組を担当されているアナウンサーの方は、ハプニング時でもとっさに不適切な言葉が出てしまわないよう、普段のプライベートシーンであっても、流行り言葉や品のない言葉遣いを絶対になさらない、という話をよくお聞きします。そう、何と申しましても、日常がとても重要なのです。

『晴（ハレ）』と『褻（ケ）』という言葉があります。共に大切な日々の生活です。婚活中の方にたとえると、晴はお見合いや初デートの日、そして、ご両親に初めてお会いする日などでしょうか。それ以外の日々がごく日常の褻ということになります。晴の日だけ着飾る、背筋を伸ばす、スマートに歩く、エレガントなふるまいをする、上品に食べるということを意識しても、これらが自然にできると思いますか？それは到底無理なお話でしょう。

晴の日より圧倒的に、はるかに多い褻の日々を大切に優雅に過ごせてこそ、晴の日に、もしくは、予告もなく突然に起こった想定外の晴の出来事にも、ナチュラルに美しくふるまえ、にじみ出る『育ち』の良さが実現するのです。

それは雨の日かもしれません。思いもよらぬハプニング時かもしれません。そのためには、出会ったその瞬間に、15ページのチェックリストで高得点を取れる女性でいる必要があるのです。

「最近は全然出会いがないから……」「今は好きな人がいないし」と言っている場合ではないのです。いつ訪れるかわからないその時のために、ステージをひとつふたつと上がり、「今の私ならいつ出会っても大丈夫」と、安心できる高さに位置していることが重要です。

そう、いつ何時、serendipity――素敵な出会いが起こるかわかりません。俯瞰力を持って常に周りが読めている女性でいれば、突然のハプニングでも、あなたは『ちゃんとした』『わきまえた』『節度ある』女性と認められ、嬉しい展開を堂々と迎えられることでしょう！

Step 2

出会った瞬間に、運命は決まります。
せっかくのチャンスを
逃してしまっては大変。
ほんの少しのコツで、
お相手をひとめで恋に落とすほど
あなたを魅力的にみせる方法を
お教えします。

Step 2 Emi

出会い。
第一印象で恋に落とす

～最初の5秒で
忘れられない女性になる

恋の勝負は、出会ったその瞬間から始まっています。
彼があなたに興味を持つか持たないか、
それは、最初の5秒で決定すると言ってもいいでしょう。
でも大丈夫。第一印象は、
あなた次第でいくらでも操作できるのです。
彼があなたをひとめ見たその時から、
気になって仕方がない存在になるために。
しっかりとお稽古してまいりましょう。

Step

2 第一印象で目が離せない女性となる

第一印象5秒の勝者

「出会った瞬間の5秒が勝負よ」

私は必ず「婚活プログラム」にお通いの生徒さんにお伝えします。第一印象を決めるのは、ほんの一瞬だと言われています。そのわずか5秒ほどの間に凝縮された、日々重ねてこられた、品ある佇まいや上質なふるまいからの『育ち』の良さを確実に印象づけたいのです！

彼の心に刻まれた魅力満載なあなたの第一印象は、その後の数十分～数時間ご一緒しても覆されることは非常に少なく、好印象だけが彼の胸に残ることとなります。逆に言えば、初めの５秒であなたのファーストインプレッションが思わしくないと、そのイメージも覆されることは当然難しく、ほとんどの場合、残念な結果になってしまう、ということなのです。

出会ってわずか５秒であなたの魅力が１５０％発揮できるよう、ご一緒にお稽古を続けてまいりましょう。

ハッ！とさせる佇まい

〝人は見た目〟です。

スッと伸びた背筋、凛とした佇まいは、どんな人の視線をも惹きつけます。その方の人間性や生き方が伝わるのは、実際その次の段階のお話。まずはビジュアルでハッとさせ、最高の印象を与えることが先決です。

日々のパソコン業務やスマホ操作によるねこ背、巻き肩、ストレートネックなど、不健康な上に見た目も残念……といった問題が取り沙汰される昨今ですが、そんな時代だからこそ彼の目を釘づけにする佇まいで、圧勝、ひとり勝ちしたいものですね。

あなた史上 最高のご挨拶

1 笑顔をデザインする

「自分の笑顔が嫌い」という女性生徒さんが大変多いのですが、笑顔こそ男性が女性に求めるとても重要な表情です。自信のない方は今すぐ鏡で以下をチェックなさってください。

まず口角の上げ具合。これはミリ単位で印象が変わってきますので、いくつかお試しになってください。次に歯の見え具合。上の歯、下の歯共にね。そして目の開き具合。パッと見開いた目ヂカラあるパターンから細めたものまで。

これらをじっくり検証して、ご自分のお気に入りの笑顔をデザインするのです。あなたが気に入っているご自分の笑顔は、彼の前でのふるまいにおいても自信に繋がります。美しくデザインされた笑顔は、あなたの武器となるはずです。

2　アイコンタクトとお辞儀の回数

スクールにいらしている生徒さんを見ているとよくわかります。上手なアイコンタクトができない方が大勢いらっしゃるのです。そのうちの大多数は恥ずかしさや人見知りが原因。このような方々は、なるべく相手の顔や目を見ないようにするため、また、向かい合った際の『間』を持たせることが苦手なために、幾度もお辞儀をなさってごまかそうとしてしまう傾向にあります。

挨拶時には、複数回のお辞儀は必要ありません。しっかりしたアイコンタクトを備えた美しいお辞儀でしたら、頭を下げるのは1回、もしくは2回で十分なのです！

さて、これまでのあなたはお辞儀、何回していたでしょう？

また、このように恥ずかしい、苦手ということが理由ではなく、ただ単に人の目を見ないのが癖の場合もあります。癖というのは自分では本当に気がつきにくいもの。ぜひ、普段のアイコンタクトの長さ、頻度、強さ……などをこの後お会いする方との挨拶時に、客観的に確認、検証してみておいてください。

3　品性を感じさせるお辞儀の角度

みなさんが気になさるお辞儀の角度ですが、これは当然彼との出会いのシチュエーションによって異なります。ビジネスシーンで出会ったのであれば、通常30

度が推奨されていますね。もちろん、仕事の場面とひと言で言っても、相手との関係性や双方の立場、ご一緒にいらっしゃる方々、企業や上司の方針によっても様々。それらを総合的に、俯瞰的にご覧になった上で、瞬時にお辞儀の角度を決めることができる、というセンスが問われるでしょう。

では、プライベートシーンではどうでしょうか？ 30度のかしこまったお辞儀では、柔らか味のない、女性のしなやかさを感じさせない固い印象を与えることとなります。さらに困ったことに30度以上のお辞儀では、よそよそしく映ってしまう可能性も考えられます。ですので私は、〝婚活〟を意識した場面や、まさにお見合いの場では、30度以上のお辞儀は必要なく、15度程をお勧めしています。これが、〝婚活〟シーンでお相手が一番心地良く感じてくれる女性のお辞儀の角度と考えるからです。

4 あなたの声は高い？ 低い？

私のスクールにいらっしゃる女性生徒さんの多くが、ご自身の声を「低い」と感じていらっしゃいます。そして、ほとんどの方が「もう少し高くしたい」とも。しかし、低めのハスキーボイスが魅力的と称賛される国も多くありますね。そこで私は、高さを無理に変える必要はないこと、むしろ、流れるようなエレガントな発声のほうを意識し、レッスンなさるほうが大切なことをお伝えしています。もっと高い声になりたかったという方も、まずはこちらからお試しになってください。

5　プラスアルファの添える言葉で印象アップ

「はじめまして。○○と申します。よろしくお願いいたします」など、とかく決まりきったセリフになりがちな初対面の挨拶言葉。NGとは申しませんが、これだけでは特に良い印象を残すことはできません。彼に好印象のファーストインプレッションを与えたいなら、「素敵な方だな」と思わせたいなら、もうひと言、気の利いた言葉をプラスする必要があります。

「先日はメッセージをありがとうございました」

「今日はお目に掛かるのを楽しみにしていました」
「お休みの日にありがとうございます」
「やっとお会いできて嬉しいです」

こちらを読まれ、「はい、ひと言プラスね」と簡単に思われた方も少なくないかもしれません。しかし、思うのと実際に口から発するのとは大違い！　慣れてくるまでは、あらゆるシーンでの出会いを想像しながら、このプラスアルファの言葉を予習するべきなのです。これは、実際に私の生徒さんで「言えるつもりだったのに実際には全然だめでした……」とおっしゃる方々からの教訓でございます。
「つもり」ではなく、「いつもできています」と言えることがどんなに重要かおわかりいただけますでしょうか。

6　取る？　脱ぐ？　外す？

挨拶時にはサングラスや、防寒具としての帽子、コート、マフラー、手袋は外すのが常識ある大人の女性ですね。あなたも当然ご存じなはずです。しかし、意外にもおできにならない方がいらっしゃるので、確認のためここに記させていただきました。あなたはどうでしょう？　これらがとっさに、そして自然にできていらっしゃいますか？

日頃から瞬時にこのようにふるまえなければなりません。もちろん、彼に第一印象を決定づける、出会った瞬間5秒の挨拶時にも〝あたりまえ〟に。

Step **3**

見た目で好印象を与えられても、
その後のふるまいでガッカリ
されてしまう…そんな
残念なことにならないように。
お付き合いにつながる
所作やマナー、
会話を伝授します。

Step 3 Emi

出会い。将来を変える第二印象

～「この方と、また会いたい」と思わせる

第一印象で好印象を与えられても、
“その先”に繋がらなくては婚活成就とはなりません。
パッと見で合格しても、いざ会話をしてみたら、
言葉遣いや話し方で“育ちバレ”してしまったと
なっては、いくら後悔してもしきれません。
彼に、「今度はふたりで会いたい」と思わせるために。
ここからは、いよいよ婚活を意識した
会話やふるまいを確認してまいりましょう。

Step

3 "その先"に繋がる第二印象

さて、いよいよここからは、"婚活"をさらに意識したふるまいと会話に入ってまいりますよ。

諦めないで！ セカンドインプレッション

わずか5秒のファーストインプレッションで思い通りの印象を与えられた方、まずはおめでとうございます。出会いの第一関門突破！ ですね。その後のふるまいや会話でも、さらに上質な『育ち』がにじみ出るよう、続けてレッスンしてまいりましょう。

もし、残念ながら「緊張して、想定通りにいかなかった」「練習不足でした……」と、納得できる第一印象を与えられなかったと感じた方。ここで落ち込んでいてはいけません！　大丈夫。万が一のために、6秒以降にもしっかり巻き返せるよう、〝セカンドインプレッション〟のためのお稽古もご用意してありますよ。続けて余すことなく本書をお読みくださいませ。

『ちゃんとした』『わきまえた』『節度ある』ふるまい

・その距離感、正解？

長い間〝あたりまえ〟であったソーシャルディスタンスは、片手を軽く伸ばした距離程、というところですが、時世に合わせた距離感がつかめることも〝一流女性〟の必須条件です。

実は、私の生徒さんでも距離の読み方が苦手な方が少なくありません。これまで人との距離など考えたこともなかったという方もいらっしゃれば、残念なことに元々そのセンスを持ち合わせていない方もいらっしゃいます。

あまりにも近くて圧迫感を与えたり、馴れ馴れしく感じさせたりしては、常識ある大人の女性とは見なされず、結婚相手としてのリストから外されるでしょう。今、ふと心配になった方は、感覚に頼るより、周りを見渡し、その場所に合った距離を『○○センチ』単位で覚えるようになさってください。私の経験上、距離の読み方が苦手な方々にとってはこの方法が適切と感じています。

・その恋愛テク。〝一流女性〟でしょうか？

なお、男性の肩や腿などの身体に触れてドキッとさせる……など、時折メディアなどで推奨されている婚活テクニックに至っては、〝一流女性〟たるものが、ましてや出会いの段階でなさる所作ではないことを、もちろんご理解いただけるでしょう。〝媚びない女性〟であることが私がお伝えしたい絶対的テーマですので。

『ちゃんとした』『わきまえた』『節度ある』会話

・その言葉遣い、本当に正しいですか？

あなたの普段の敬語、『合っているつもり』といったあやふやなものではありませんか？　また、「周りの人たちも使っているから……」という曖昧な理由からではありませんか？　このような実に不確実な考えで、〝あたりまえ〟のように二重敬語や勘違い敬語を使ってしまう方の多いこと！

誤った敬語や言葉遣いは、あなたの評価、価値を一気に下げます！　どんなに美しく、どんなにエレガントなふるまいができていても、一瞬で「なんだ、その程度の方だったのか」と、著しく評価を落とし、パートナーとして合格圏外に置かれてしまいます。

言葉遣いのグレードをＴＰＯで適切に遣い分ける自信のある方もいらっしゃるでしょう。しかし先にもお伝えしたように『ハプニング時に、普段遣いの言葉がとっさに出てしまわないよう』に、日常から誤った言葉や、品のない表現を決して遣わないよう心掛けていらっしゃるアナウンサーの方も少なくありません。もちろん、私たちの日々の生活は公の放送現場とは異なりますが、〝一流女性〟として、普段からそのような意識を見習うことも必要ではないでしょうか。

・敬語にもランクがあります

また、誤った言葉遣いではなくとも、学生が先輩や先生に対して使うようなレベルの敬語や、しっかりした研修を受けていなかったアルバイトの方が使っている、いわゆる『バイト語』と呼ばれ、多くの方に違和感を抱かせる言葉遣いでは、当然〝一流女性〟と見なされません。品性を感じさせる言葉、敬語を選んで会話なさるお稽古を、ぜひ今日から始めてください。

・NGな話題、わきまえていますか？

気になったお相手のことはどんなことだって知りたいもの。彼のご年齢、ご家族に関すること、お住まいの地域、具体的な会社名、役職、そして未婚既婚の情報……など、右に挙げた、マナー的にNGな話題とされていることほど、実は気になるものでしょう。しかしそこは、『ちゃんとした』『わきまえた』『節度ある』大人の女性として、次回以降の機会まで我慢なさって。もちろん会話の流れで自然に伺える雰囲気の際は、あくまでもさりげなく……が鉄則です。

Step 4

ついに、ふたりきりでデート！
でも、"一流の彼"とのデートは、
心得ておくべきことがたくさん。
彼の隣を歩いても恥ずかしくないように、
エレガントな装い、ふるまいで
彼を釘づけにしましょう。

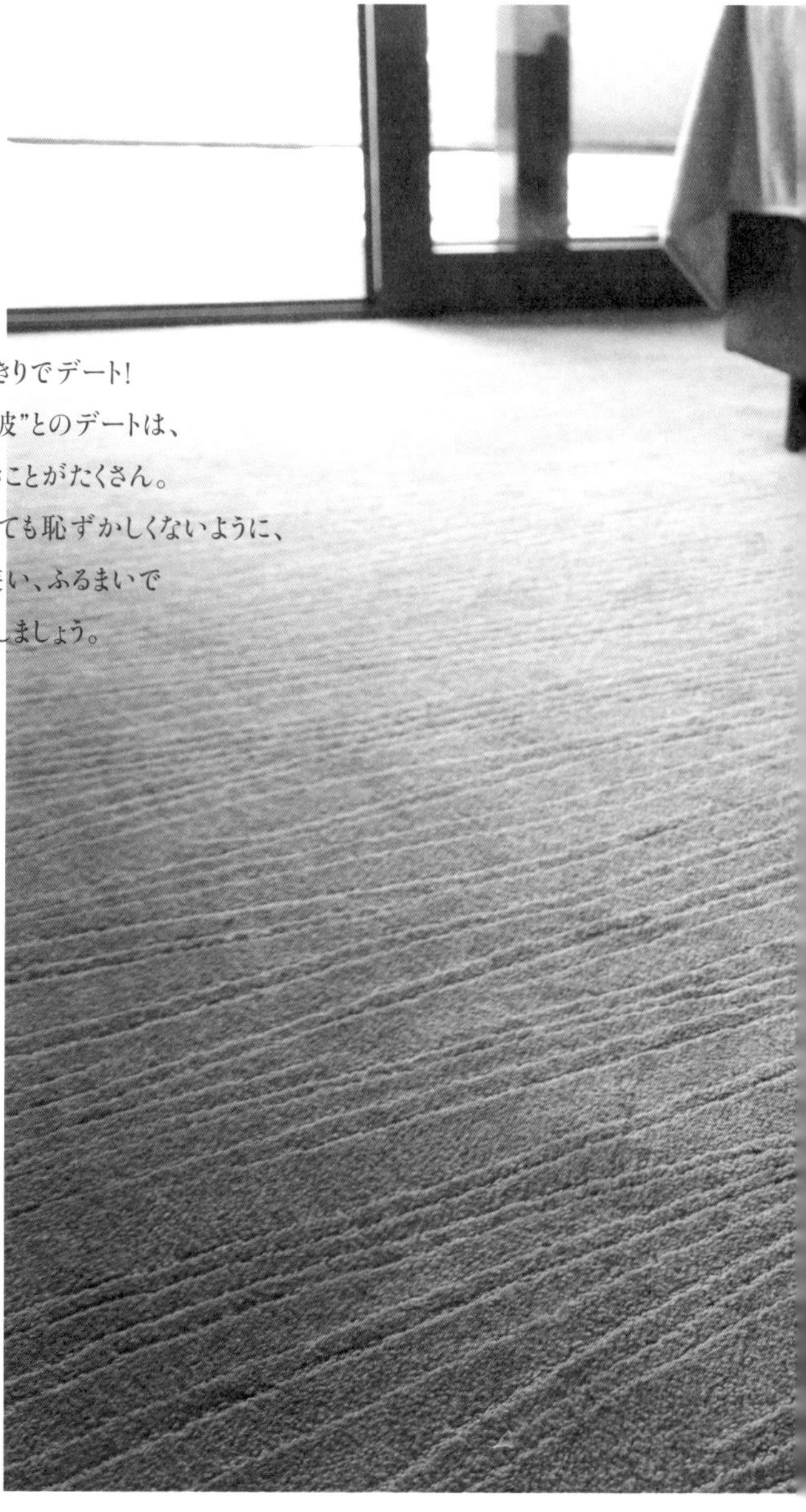

Step 4 Emi

ふたりで会う、その前に

～彼を虜にする準備

いよいよ、"一流の彼"とデート！
でもちょっと待って。ここからが婚活本番です。
ハイクラスな彼の心をつかむには、美しく着飾るだけではだめ。
あらゆるシチュエーションを考慮しながら、
ご自身を客観視して、"一流女性"に
ふさわしい装いでデートに挑まなくてはなりません。
事前にしっかり準備をして、
賢く装い、彼を夢中にさせましょう。

Step

4

賢く装い、幸せをつかむ

デート前。"一流女性"のマストとは

女性は、デートの前にすべきことが盛り沢山！　まずは「何を着て行きましょう⁉」といったお洋服選びに始まり、「あ、美容院に行かなくちゃ」「エステも行っておいたほうが安心だし……」「今日からダイエットしなきゃー」「ネイルサロンの予約、取れるかしら？」「靴、新調したから、デートまでに履き慣らしておかないと」「あのバッグ、せっかくだから買っちゃおうかしら！」「新しく出たチークとリップも欲しいな」……etc. デートを控えた女性とはなんてお忙しいのでしょう！

ここからは、男性には決してわからない（？）、デートを控えた女性、特に、初デー

トを前にした女性なら必ずすべき事柄についてお話しさせていただきます。

計算づくの勝負服

意中の彼からお誘いいただいたデート。それは、お食事なのでしょうか？　映画なのでしょうか？　それともコンサート？　いずれにせよ、その晴の日にお召しになるとっておきの洋服、勝負服を決めなくてはなりません。

もちろん出掛ける場所によってまったく違うタイプの装いになることもありますし、周囲の方々の服装や雰囲気も想定して考えなくてはなりません。デートの服装選びというものは、男性には到底計り知れない苦労があるのですが、しかし、女性にとってこれは嬉しいお悩みとなるのでしょう！

では、今日彼から誘われたら……？　〝一流女性〟として、計算を尽くしてデート当日を迎えられるよう、以下すべてをチェックなさってくださいね。

婚活勝者の服とは?

これからお話しするのは、私のスクールの「婚活プログラム」で修業中(笑)の男性生徒さんたちに聞き込み調査をした私の結論です!

・『婚活男性に聞く。デートに着てほしい服』とは?
　スカートかパンツか? といえばスカート。タイトかフレアーか? といえばフレアーやギャザー。モノトーンかパステルカラーか? といえばパステル調。マニッシュかフェミニンか? といえばフェミニン。スタイリッシュかエレガントか? はい、もちろんエレガント系。辛め、甘め? そう、甘系!

……というように、予想に反することなく、まさに想定通りの結果に。やはり婚活シーンでは、柔らかく、明るく、しなやかで優しく、甘みもあり、優雅なイメージの女性を求める男性が圧倒的に多いという結果となりました。

しかし、もしこのように多くの婚活男性が好むスタイルが、普段のあなたとはかけ離れた装いとなる場合は、もちろんご無理をなさる必要はありません。ご自身の好みと個性は大切になさって欲しいと考えます。ただし、まったく受け入れないというのではなく、もし可能であれば、部分的にでもちょっとだけ近づけてみる価値はあるようです。

自分では似合わないと決めつけていたシェイプや色が、また違ったあなたの魅力を表現できる、ということもあるでしょう。特に、もうずいぶん昔に、たったひとりのカラーコーディネーターにアドバイスされた『あなたには似合わない色』を、それ以来一切お召しになっていないというのも、私は実にもったいないと感じます。そのような生徒さんには、「とりあえず、試してごらんになって」とお勧めしてみます。すると、意外や意外、とてもお似合いで新しい魅力を発見された方がたくさんいらっしゃいましたよ。

年齢や環境によっても本人のイメージは変化してきますし、また、回数を重ねるうちにだんだん馴染んでくるものでもあります。〝婚活〟を意識なさるのであれば、多くの男性が好むこの結果を完全に無視するのではなく、少しだけ、または一ヶ所だけでも取り入れてみてもよろしいかと思います。

これまで思い通りに婚活が運んでいないのであれば、即、変えてみる！ですよ。

要注意！それ、イタい装いかも？

本人が気づきにくい、とても厄介な問題が、周囲から見て、いわゆるイタい装いです。それは実際の年齢、そして『見た目年齢』でも考えていくべきでしょう。自身の見た目を客観的に検証できる力を持てるか持てないかで、他人からの好感度はもちろん、わきまえた女性としての評価にも大きく差が出てしまいます。

素材選びや露出度など、本人はなかなか気づかないことも多いのですが、それより何より、ご自身が受け入れたくない事実だからなのかもしれません。10年前と変えられず、ご自分が一番綺麗だった頃、モテ期の時の服装やメイクを、ずっと引きずる……という事態になってしまうのです。また、スタイルに自信がある方の露出度合いもエスカレートしないよう気をつける必要があります。加えて周りもそれを注意できない……ということから、さらに勘違いファッションが続いてしまうわけですね。イタい女性と思われないよう、常に客観視できる自分でありたいですね。

改めて確認したい『TPO』

『TPO』とは常に耳になさっているものの、本当に日々意識して服、靴、バッグ、アクセサリーが選べていますでしょうか？　その場に違和感のない装いは言うまでもありませんが、彼と出掛けるシーンに合わせて、この『TPO』を察知できる感覚を持ち合わせることはとても大切です。

いくら彼がお好きそうな装いとはいえ、まずは、周りの方に違和感を与えないことがベースです。その上で、華やかであったり、エレガントであったり、また、粋であったり……と、他の方とは「ちょっと違う」と思わせるチャーミングな女性でありたいものです。

レディに必須。お天気情報

女性はその日のお天気で装いが大きく左右されることもあるでしょう。雨の確率が高ければ、まずは靴選びから始めないとなりません。たとえ、靴一足を変えるだけであっても、トータルバランスを考えると、ほとんどすべての服をチェンジしなくてはならないといった残念な事態も考えられます。

デートの前日に天気予報をご覧になった時、これまでの準備がすべて水の泡、となり、ワードローブを広げて途方に暮れてしまう……ということも。となると、やはり装いのバリエーションをある程度ご用意していないと、デート直前の不安材料となってしまいますね。もし不本意なスタイルで出掛けてしまった場合、デートの間中気になって、堂々とふるまえなかった、などは避けたいものです。どうやら、女性にとって雨の日の装い対策は必須でしょう。

1日に2度楽しませる！

映画館やレストランなど、場所によっては冷暖房が強く効いていることも少なくないですね。特に、真夏や真冬はエアコンの効き具合によって室温の差が激しくなるので、装いにはご注意が必要です。となると、脱ぎ着しやすいものや、ちょっと羽織るものまでコーディネートを熟考することが必要になってきます。

カーディガンやストール、大判のスカーフなど、私たちは普段、使い回しの効く『何にでも合う色』を選びがちです。もちろんそういった万能なものをひとつ持っていると安心です。が、その定番にプラスして、鮮やかな色や綺麗目カラー、インパクトがありそれを羽織るだけであなたの華やかさが一層増し、彼がハッ！となさるような服飾品も、ご用意されてみてはいかがでしょうか？ 羽織った瞬間にあなたの顔まわりがパッと明るくなったり、雰囲気がガラッと変わったり、と1日で2度、彼の目を楽

しませられるというのも女性冥利に尽きますね！

頭～つま先まで。姿見はありますか？

ドレッサーや手鏡、洗面所の鏡だけでお出掛け前のチェックは済ませられません。全身余すところなく映してくれる姿見での確認はレディの〝あたりまえ〟です。服と靴のマッチ具合はもちろん、ラウンド、スクエア、アーモンドなどトゥのシェイプや、スカート丈とヒールの高さの微妙なバランスも大切ですものね。

ただし、当日のお出掛け直前の儀式で

は遅すぎることはおわかりの通り。もし、トータルバランスに違和感があった場合、それからあれこれと靴やスカートをチェンジし試すお時間があるのでしょうか?! 十分余裕を持って、少なくとも前日までには確認、そして確定しておくのが余裕ある女性です。

グルッと一周360度チェック

正面からのあなただけではなく、横向きは当然、後ろ姿のあなたも映してチェックなさる必要があります。彼はあなたの正面だけを見ているとは限らないのですから! 靴のかかとは大丈夫? ヒール部分の革はご無事?! ボタン、ほつれ、いつの間にかできたシワやシミは? お時間が掛かろうと、360度のチェックは〝一流女性〟にとって〝あたりまえ〟のルーティーンとしたいものです。

香りを纏う。香りを操る

装いの中には『香り』も含まれます。その季節にふさわしいもの、その日の服のイメージに合ったものor故意に外して遊んでみる、個性的or万人に好かれるタイプor彼の好みであろう香り……など厳選したいものです。

ふと漂った香りに、ある特定の方を鮮明に思い出したり、胸がキュンとなったり、懐かしさがこみ上げてきたり……といったご経験はどなたもお持ちのことでしょう。何といっても香りとは強烈にその人自身を物語ってくれるアイテムなのですから。

香りは、つける場所や量をはじめ、オーデコロン、オーデトワレ（オードトワレ）、オーデパルファン（オードパルファン）、パルファン（パルファム）といった香り方の強弱や持続時間を考えることも大切です。さらには、トップノート、ミドルノート、ラストノートといった香り立ちの変化までをも計算し、狙った時間にジャストな香りが漂うようコントロールできますと、もう上級者ですね。

さて、これら9つの装いポイントは、もちろん初めて出会った瞬間の5秒でフッと印象づける要素でもあります。毎朝、いえ、前日の夜までの準備が理想ですね。当日のスケジュールと場所、さらに、もしもの予定変更など、あらゆる場面を想像しつつ賢いチョイスをなさってください。

電話でもLINEでも。ますます会いたくさせる

初デートの装いはすっかり決まりました。でも、あなたにはまだまだ確認していただきたいことがございます。

・電話、メール、LINEに表れるあなたの節度と『育ち』

良識ある方がお掛けする電話の時間は、従来9 to 9（9時から21時まで）とされてきました。しかし、相手がご自身のタイミングでいつでもご覧になれるメール連絡やSNSでのメッセージでは、時間の感覚が麻痺しがちです。まだおふたりでデートもしていない男性に対しては、やはり常識ある大人の女性として、電話と同様9 to 9を守ることが賢明です。

もし、こちら以外の時間で連絡が必要な際や、このタイムリミットギリギリのタイミングとなってしまった場合は、『育ちがいい』女性として必ずプラスアルファのひと言が欲しいところです。「早朝から失礼いたします」「夜分に申し訳ありません」といったエクスキューズの言葉です。わかってはいてもついつい省いてしまうこともあるものですが、この簡単なひと言を常に伝えられる方が〝一流女性〟なのでしょう。

・余韻を残す

品性漂う会話をなさっても、その電話を切る際にやはりお忘れにならないでほしいことがあります。「お電話ありがとうございました。嬉しかったです」「ご連絡してくださってありがとう」「お話しできてとても楽しかったです」といったひと言を添えることとです。「はい、ではよろしくお願いいたします。失礼します」だけで切るより、ほのかに甘い余韻を彼の心に残してくれますでしょ？ もちろん、〝媚びない女性〟の姿勢は変えずに、が鉄則です。

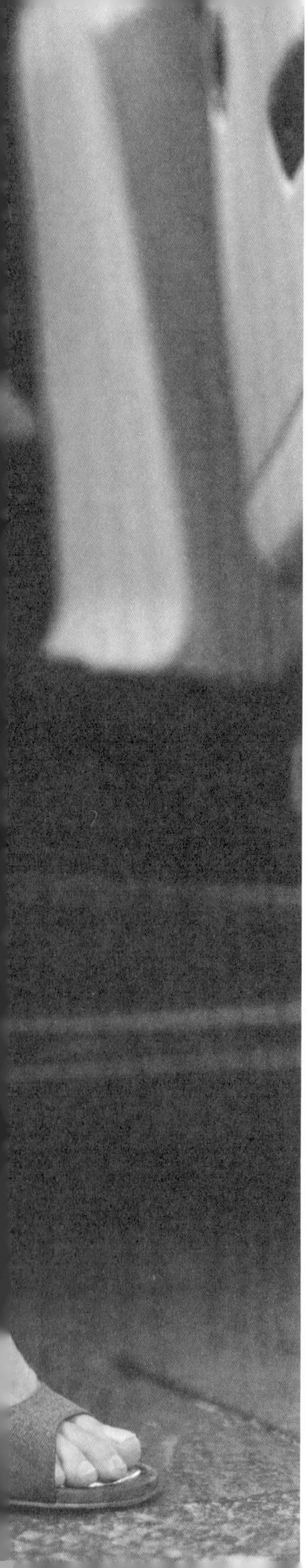

Step 5

デートは、彼があなたとの将来を
思い描くのに大切な時間。
品のあるふるまいで、会うたび恋に落として
一生一緒にいたいと思ってもらうために……

Step 5 Emi

「またすぐ会いたい」と思わせるデート術

～にじみ出る品の良さで夢中にさせる

“一流の彼”との婚活を意識なさるなら、
ただふたりで過ごす時間を楽しいものにするだけでは
足りません。ここからは、会うたびに彼を恋に落とし、
本気で“一流の彼”の結婚相手としてふさわしい、
とっておきのふるまいと会話を伝授します。
圧倒的な品の良さで、彼の心を釘づけにしましょう。

Step

5 圧倒的なエレガンスで差をつける

待ち合わせは美人な佇まいで

駅や待ち合わせスポットでの、あなたの普段の立ち姿を思い起こしてみてください。背中が曲がり、下を向いて携帯を見ている……。もしかしたら脚は開いている？ そんな姿しか思い浮かばなかった方は、意中の彼と2回目のデートに繋がる可能性はかなり低いでしょう。ファーストデートというものは、ふたりのプライベートで改めて第一印象を与えられるチャンスなのですから！

私のスクールのふるまいレッスンでは、何はともあれまず佇まい、立ち姿勢を美しく整えることから入ります。姿勢の良し悪しはすべての所作に通じ、また、あなたの

品とエレガンスを大きく左右するので当然のことです。

私が必ずみなさんに申し上げるひとつめのポイント。それは、『くるぶし・肩・耳』を一直線に整える、ということ。これらのポイントはしっかり押さえ、最も美しい佇まいになれるよう、あなたにも今すぐ確認していただきたいトップ事項となります。

もちろん、ホテルのロビーやラウンジのソファ、レストランのお席での待ち合わせの場合も、この基本の美姿勢は変わりありません。あなたの凛とした姿＋この後のページでお伝えする、しなやかでエレガントなしぐさや所作は、きっと彼の目を釘づけにしてしまうことでしょう。

この理想の佇まいに関して、私が伝えたい絶対的なポイントふたつめは……。

何があっても、『レディは膝を離さない』。

オフィスでも電車でもレストランでも、残念な膝の女性が本当に多いので、こちらは強くお伝えしたいのです。

今、ご自分の膝にドキッとされた方、どうぞ十分に反省しつつ、この後、両膝をしっかりとつけたままで本書を読み進めてくださいませ！

観劇、鑑賞シーンで最も大切なのは品性

映画や歌舞伎、能、オペラ、音楽会、コンサートなどの鑑賞デート。おふたりで並

んで趣味を共にできるというのはとても嬉しいお時間となるでしょう。しかし、もちろんそれは、あなたが品性を持ち、マナーも心得ていてこそのことです。

例えば、お席に向かう際、すでに着席されている方々に「恐れ入ります」「失礼いたします」などのお声掛け。この時大切なのは、品を感じさせない首だけのお辞儀ではなく、言葉＋美しいお辞儀が相手に伝わっているかということです。当然、開演前や開演中、休憩時間などによって所作と声の大きさは調整します。

また、ふたりで会話する際の声のボリュームもその場面に適していますか？　荷物に触れる音などにも十分気遣えていますか？　ついつい身を乗り出してシートから背中が離れて鑑賞していませんか？　これは後ろの方にとっては大迷惑。もちろん、帽子を取るのも〝あたりまえ〟のことです。

このように、ただ彼のお隣に座っているだけであっても、淑女として気をつけてい

ただくべきチェックポイントはたくさんあります。ぜひ、彼がすぐまた誘いたくなる、気品あるふるまいを心掛けてください。

車、タクシーはエレガンスの見せドコロ

彼の車の助手席でのエレガントな乗り降り、自信あります？ 彼がドアの開け閉めのエスコートをしてくださったら……女性として緊張してしまう所作ですよね。

レディは頭や脚から乗りこむことは絶対にNG！ まずはシートに腰を下ろし

てから脚をスッと車内へ。これは私のスクールでも女性生徒さんのほとんどがレッスンなさっています！　見た目より意外と難しい所作となるので、練習あるのみ。その分、この美しいふるまいはきっと彼をハッ！とさせることでしょう。これはタクシーの乗り降りの際でも同様です。

ショッピングで幻滅される⁉

親しくなってこられると、ご一緒に買い物に行かれることもあるでしょう。あなたの服や靴を見立ててもらうことも！　そんな時、試着室で彼をガッカリさせるふるまいをなさらないよう、念のため次のことを確認しておきましょう。

フィッティングルームで脱いだ靴、そのインソールは彼に見られても大丈夫ですか？　ストッキングのつま先は？　試着を終えてお返しする際、いつも丁寧な所作ができていますか？　袖が裏になったままのブラウス、ファスナーやボタンが全開のままのワンピースなど、まさに「今脱いだばかりでございます」という状態で返却なさっているあなたを、もし彼がご覧になったとしたら……？　百年の恋も冷めてしまいますでしょう。いつ何時も淑女であれ。

少々余談ですが、もし「どちらがいいと思う？」というあなたの質問に、「んー、どっちでもいいんじゃない？」という想定通りのお答えが彼から返ってきたら？（笑）カチンとこられても、男性はそういう生き物だと理解なさり、大人の女性はぜひご自身でお決めくださいませね！

余韻・余白のしぐさで釘づけに

私が常に強く提唱しているのが、『余韻、余白、余裕』。

女性の『余韻』ある所作、『余白』あるふるまい、それは豊かな『余裕』に繋がります。お忙しく慌ただしい日常ですと、つい粗雑になりがちですが、ここぞ！というところで、『余韻、余白、余裕』あるふるまいが自然にできますと、そんなあなたに彼の目は釘づけになるでしょう。

・ドアの開閉で魅せる

例えば、ドアの開け閉め。片手でも容易にできますが、もう片方の手をちょっと添えてみるだけで、丁寧に生活していることや優雅さ、品が伝わります。また、物を取り上げる際や置く際、お茶を出される際などでも、スッと逆の手も添えるしぐさは、あなたの『育ち』と品性を引き上げてくれます。こちらは和食をいただく際にも重要となるポイントです。

・ながら所作は大減点

物を取り上げた瞬間にはもう目線は後ろを向いていて、同時に歩き始めている。いったん止まらずに歩きながら物を渡してしまう。目上の方に他の動作をしながら挨拶、お辞儀をする。ドアを閉めながらもう足は歩いている。お箸を取り上げながらお皿も同時に持ち上げている……など、身に覚えはありませんか？　オフィスで締め切りに追われ慌ただしく動かれている時間は例外としても、これらの〝ながら所作〟を日々の生活の中で〝あたりまえ〟になさっているようでは、あまりにも粗雑で残念な女性です。

要所要所でほんの1秒か2秒の『余韻』や『余白』をプラスし、丁寧に過ごす。すると、彼やまわりの方からの評価だけにとどまらず、あなた自身がその『余裕』に、豊かさと幸せを感じることができるはずです。

その美しさにも釘づけとなるふるまい

ほんの一瞬の動きが、意外にも女性の印象を大きくランクアップさせてくれるものがあります。立ち姿勢や座った時の美しいポージング……これらのレッスンをほとんどの生徒さんが希望されるのですが、実は、それだけではないのです。椅子から立ち上がる際の一瞬、座る際のほんの一瞬の所作こそが大切なのです。

深く上体を倒して、膝や腿、もしくは椅子の座面に両手をつき、いかにも『疲れています感』が漂う座り方はNGです。また、立ち上がる際も同様で、どちらかに手をついて「よいしょっ」と立つ動作は、女性としてのエレガンスを微塵も感じさせてくれません。実は生徒さんも、ご自分のこの癖に気づいていない方がほとんど！ですから私のレッスンでは、座る一瞬、立ち上がる一瞬のエレガントな所作は、必須のトレーニング事項となっています。

では、いったいどのようにすれば？　立ち上がる際は、立ち姿勢と同じように、背筋をできる限りキープしたまま、ゆっくり優雅に腰を下ろす。立ち上がる時も背筋を意識しながらスッとスマートに。これが理想の立ち座りです。あなたの普段の所作と、このように背筋を意識した所作の両方を、ぜひ今この場でなさってみてください！ビフォーアフターの差が明確に感じられた方ほど、残念ながらこれまでの所作が酷かったということで、大いに反省ですね。

指先のエレガンス

私がもう十数年マナーガイドを務める日本最大総合情報サイト「オールアバウトAll About」(https://allabout.co.jp/gm/gp/35/)で、以前「指先のエレガンス」という記事を発表したところ、思わぬ大きな反響がございました！〝ふるまい〟〝所作〟というと、身体全体の動きというイメージがあり、指先やつま先といった末端の小さな部分の所作については見落としがちになるのでしょう。この指先に特化したエレガンス所作というのが、女性のみなさまに新鮮に響いたようです。

「女性は、指先のほんの微妙な位置や動きだけで、からだ全体のイメージが大きく変わってしまいますよ！」と、私はよくみなさんに申し上げています。これは決して大げさではなく、生徒さん誰もがご自身のビフォーアフターの姿をご覧になると、その大きな違いに本当に驚かれます。

物を取り上げる際、持つ際は指先に隙間をつくらない。バッグを持つ時は手が華奢に見える角度を確認してみる。お茶をなさる時はティーカップのハンドルに指は入れずに摘むように持ってみる。サイドの髪を直したり耳に掛ける際も指先を意識し、クロスの法則（腕や脚を交差させる動作）も取り入れてみる……etc.

女性のエレガンスは細部に宿るのです。

品性が問われる大人の会話

〝一流女性〟は話題の引き出しも多くあるべきです。冬には「寒いですね〜」、夏は「暑いですね」、雨天なら「あいにくのお天気ですねー」と、毎日決まりゼリフだけでは、残念ながら魅力ある女性には映りません。「考えてみたら、いつも同じ挨拶言葉ばかりでした」という方や、話題づくりにコンプレックスをお持ちの方、ここで諦めることなく、ご一緒にコツをお稽古してまいりましょう。

大人の女性として、話題の引き出しや語彙が豊富な方ほど、クレバーな印象を与えます。彼はあなたとの会話で品性を感じ、また、パートナーとしてふさわしい女性とも思うはずです。

例えば、デートの待ち合わせで彼とお会いしたその時。あなたの最初のセリフが「こんにちはー」だけでなく、「やっとお会いできて嬉しいわ」「昨日はお電話くださってありがとうございました」など、ほんのひと言ではありますが、気の利いた言葉がスッと添えられると……「なんとなく嬉しい」「なんだか愛おしい」という思いになるものです。

もちろんその後の会話の中でも、その瞬間にピッタリなものを話題の引き出しから選び出し、知性と、可愛らしさと、品あるジョークを交えたおしゃべりができれば、彼だってずっとあなたと時間を共にしたくなりますよね。

デート中、彼の名前を何回口にしていますか？

会話の中に相手の名前を何度も入れることにより、ふたりの距離はグッと縮まります！

「今日はどちらでお仕事だったんですか？」→「○○さん、今日はどちらでお仕事だったんですか？」

「今度行きましょうよ」→「今度行きましょうよ、○○さん！」

いかがでしょう。自分の名前を呼んでもらうって嬉しいと思いませんか？　そして、不思議と相手のことが近くに感じられませんか？

「お」をつけて！　４つの言葉

「お写真」「お近く」「お砂糖」など、女性の多くが「お」をつけている言葉は色々ありますが、最近、私が生徒さんや周りの女性の会話を聞いていて「あら、残念。ここで『お』をプラスなさってほしかった」と思うのが以下の４つです。

箸
風呂
化粧
料理

「ちょっと化粧直してきます」と言うより、「ちょっとお化粧直してきます」など、たったひと文字ではありますが、大きく印象が変わるものです。

もちろん、こちら以外にも女性が「お」をつけたほうが印象の良くなる言葉はいくらでもあるのですが、私が昨今特に感じたのがこの4つでした。あなたには「お」をつけるこだわりの言葉はおありですか？

彼があなたともっと話したくなるパフォーマンス

あなたの相づちの打ち方やうなずくしぐさで、彼がもっと話をしたくなる女性であるかがわかります。

私が生徒さんにレクチャーしている際にとても気になるのが、このうなずきと相づちです。以前は、これらふたつがほとんどできない方や、極端に少なく、お相手に「聴いてるの？」と不安、不満を与えてしまう方が目立ちました。しかし最近はその逆で、うなずき、相づちが多すぎる女性が多く、問題視しております。さらに、回数だけではなく、入れるタイミングも早い！　多すぎるうなずきや早すぎる相づちが続くと、あなたの意図とは反し、「この話、つまらないのかな」「適当に聞いている感じがする」「上の空のよう……」など、話し手に不安を抱かせてしまいます。

彼の話を「興味を持って聞いてます」「あなたの話、もっと聞きたいわ」と伝わる上手なパフォーマンスをなさることにより、彼はきっと、「彼女がすごく楽しそうに聞いてくれて嬉しい」「彼女にもっとこの話をしたい」「また会って話したい」と思ってくださるでしょう。それには、早すぎ、多すぎに気をつけ、彼が心地よく気分よく話せるよう、うなずきと相づちの頻度やスピードを上手に計れる力をつけることが必要です。

ほめ方にも品性を

「すご～い！」「さすが～！」など、今時の婚活において〝あたりまえ〟となっている、男性へのキメゼリフですが(笑)、これらは言い方によっては品性を感じられないことがあります。また、残念ながら媚びているように思われてしまうことも。

落ち着いた口調で「あら、それは素晴らしいですね」、深く感心した表情で「まあ！さすがだわ」など、品ある大人の女性としてお伝えできるよう、また、チープな印象のほめ方にならぬよう、知的な表現のバリエーションも欲しいものです。

品のいい、感じのいい断り方

「週末空いてる？　食事行きませんか？」と彼からせっかくお誘いいただいたデート。でもあなたにはどうしても外せない先約が……。そんな時の断り方であなたの品性がわかります。さて、あなたは普段、次のどのタイプでしょう？

1.「えっと、その日はちょっと……」
2.「あー、申し訳ありません！　先約がありまして。せっかく誘ってくださったのにごめんなさい。本当にすみません……」
3.「残念ですが、その日は大切な用事があるので……。申し訳ありません」

← 諏内えみ検証

1.語尾を曖昧にして状況を汲み取ってもらうのを期待する返事の仕方は、自分をしっかり持った大人の女性のイメージではありませんのでNG！

2.対して、こちらは先約があることはハッキリお伝えできています。しかし、「申し訳ありません」「ごめんなさい」「すみません」とお詫びの言葉を3回もおっしゃっていますね。たった1回、お誘いを受けられない程度のことで謝りすぎるのは、あなたのランクを下げる場合もありますし、何より、彼にとっては元々それほど謝られる

ほどのことでもなく、かえって自分をカッコ悪く感じさせてしまい失礼にあたるため
NG！　良かれと思って何度も謝る女性も多いのでご注意ください。

3．ここでの絶対的なNGは、「大切な用事がある」という言葉。ご自身にとっては確かに大切なのでしょうが、「あなたと会うことはそれほど大切なことではない」というニュアンスにも受け取られます。男性側の感情やプライドを考えると決して嬉しくない断り方となります。

では、どのようにお返事すべきでしょう？　私のお勧めは以下の5つをお伝えするというものです。

1．お礼の言葉　↓「お誘いありがとうございます」
2．簡単な理由　↓「以前より予定してた用事がありまして」「変更が難しい予定がありまして」

3. お詫びの言葉 ↓「せっかくお誘いくださったのにすみません」
4. 残念な気持ち ↓「がっかりだわ」「とても残念です……」
5. 次回に繋げる言葉 ↓「ぜひまた誘ってください」

なお、3のお詫びの言葉は、右記の理由から、お付き合いされている彼との仲ではさほど重要ではないでしょう。もしあなたが不要と思われるのでしたら、省かれても。

食事の前に。『つまらない女性』にならない

「今日、何が食べたい?」

「ん～、何でもいいわ」

よくある彼とのやり取りに聞こえますね。それほどこのように答えている女性が多いのでしょう。しかし、いつもこのような返事ばかりだとしたら、あなたは魅力ある大人の女性に映るでしょうか?

もちろん「私は絶対フレンチ」など、毎回主張しすぎてしまう方は、気遣いという点で問題がありますが。

「今日はお暑いからエスニックがいただきたいわ」「ランチがパスタだったから、夜は和食系がいいかな」「何か温かいものがいいな。ブイヤベースはどう?」など、的確に、またはある程度ジャンルを絞って答えられる女性は、凛として自立したイメージになり、彼も選ぶお店を絞りやすいですね。

また、「そうねえ、パエリヤとかは? あ、久しぶりに鰻もいただきたいかな」など2~3挙げてみて、そこから彼に選んでいただく。また、自分の好みや意見を伝えた上で、「あなたは何がいい?」「どちらが食べたい?」と彼の意見もちゃんとお伺いできる、そんな女性とのお付き合いはきっと彼も心地良いのではないでしょうか。

「どこに行きたい?」「ん~、どこでもいい」も、もちろん同様につまらない女性、ですよ。

カジュアルな場所でこそ品はにじみ出る！

ファストフードなどのカジュアルなお店では、ついつい所作やマナーなど、気が緩みがちになってしまうもの。しかし、こういった場面でこそ品や『育ち』がにじみ出るのです！

カウンターで受け取った飲み物をテーブルに置く際、簡易なカップであってもスッと両方の手が添えられる。帰り際にはテーブルに残ったちょっとした水滴などにも気づき、ペーパーでひと拭きしてから席を立つ。丁寧に分別をして所定の場所に捨てる。そんな何気ない、さりげないふるまいだからこそ素のあなたが垣間見られ、好感度がグンと上がったり、逆にガクンと下がったりするものなのです。ファストフード店でのふるまい、甘く考えていてはいけませんね。

緊張なさる？ 彼から和食に誘われたら！

テーブルマナー講座を開催していると、洋食店より和食店でのマナーやふるまいに苦手意識をお持ちの女性が圧倒的に多い印象がいたします。そのような生徒さん方からよくいただくご質問や、私が『これだけは"一流女性"に必要』と考えるものをピックアップしてご説明してまいりますね。

警告！ あなたの香り

和食は、洋食や他のアジア圏のお料理、エスニック料理などに比べ、繊細な香りを愉しむ食材やお料理が多々あります。お寿司や会席料理などをいただくとわかっていたら、その日の自分の香りにはぜひ敏感になってください。強めのトワレなどはつけない、もしくは最大限に控える、といった配慮も"一流女性"としてのたしなみです。

自分がつけている香りの強弱というのは、なかなか本人ではわからないもの。香りの感じ方が麻痺し、ついついエスカレートしがちですね。しかし、それをきちんと想像、計算でき、「お店に着くのは今から9時間後だから……朝の時点ではこれくらい」「お昼休みのつけ直しは控える」などの賢い判断が必要となります。

靴の脱ぎ方で『育ち』バレ？

和食店では靴を脱いで和室に通される場面も少なくありませんね。あなたは玄関やお部屋の出入り口で、文句のつけどころがないよう美しく、何より正しく上がることができますか？

クルッと方向転換し、後ろ向きになって、お部屋に背を向けた状態で靴を脱ぎ、その後ろ向きのまま上がる……この動作を〝あたりまえ〟になさっていた女性は猛反省です！　このようなマナー違反で粗雑な所作は、あなたの品性を著しく下げます。

きちんと正面を向いて靴を脱いで上がり、いったんかがんで靴の向きを変え、隅に揃える、です。わかってはいる？　でもなさっていない？　そのような方々にも改めて確認していただきたかったのです。ぜひ日常化してくださいね。

では、さらに以下のケースについてもご確認ください。

なま脚と靴入れ

格式ある和食店においては、和室での素足はＮＧとなります。このような場所では夏でもストッキングを着用なさってください。もしくは、ソックスを持参され、玄関など、靴を脱ぐ場所でサッとお履きになっても結構です。ただし、装いのトータルバランスから考えますと、やはりストッキングのほうがよろしいでしょう。

さて、さらに靴を脱いだ際のお話です。それほどかしこまっていないお店であれば、先の説明のように、脱いだ靴はご自身で揃えたり、ご自分で靴入れに入れたりする場合もあります。こんな時は、彼の靴もさりげなく整えてさしあげられるといいでしょう。え！　女性が？　と思ったあなたは、きっと男性からのエスコートに慣れていらっしゃるのでしょうね。しかし、元々、和の場面ではレディファーストといった概念はありませんので、シーンに応じてこのような切り替えが自然にできる方が〝一流女性〟なのです。

もうひとつのパターンは、履物係の方がいらっしゃるお店の場合。この時はご自身で靴を片付ける必要はありません。脱いだ靴はそのままにしておきます。もちろん彼の靴もそのままです。ここで、あなたが片付けようとすると、かえって「慣れていない」という印象となってしまいますので心得ておいてくださいね。

しかし、あなたの品性が問われるのが、この時お店の方にお声掛けができるかどうか、です。つまり、揃えてくださる方に対して、「お願いいたします」や「恐れ入ります」「ありがとうございます」のひと言がおっしゃれるか、なのです。

あなたのインソール。見られても大丈夫？

インソールが剥がれたり汚れていると、フィッティングルーム同様、和室で靴を脱ぐ際に躊躇してしまいますね。また、脱いだ後々まで気になってしまうもの。和室のお店への急なお誘いでも慌てず困らず、いつでもご一緒できるよう、常にケアしておきたい部分です。

おしぼりに上品な使い方ってあるの？

どちらかのおじさまのように、おしぼりを出された時に額まで拭いてしまう方などはもちろんいらっしゃらないとしても、手首より上まで拭くのは控えたいもの。おしぼりは手のひら全体を丁寧に拭くというより、指先までにとどめておくほうが上品です。手全体の汚れが気になる場合は、お席に着く前に、どうぞ洗面所で洗うようになさってください。

また、使用した部分は内側にしてたたむとよろしいでしょう。これはおしぼりを下げてくださる方への心遣いです。

できなければ"一流女性"から脱落！

それはお箸の持ち方です。昨今、私が拝見していて最も多い『NGなお箸の持ち方』の代表は、親指が人差し指の上に飛び出している形です。このような方々は、ペンをお持ちになった時も同じように親指が上へとはみ出しているのではないでしょうか？日本人として、お箸が正しく持てないというのは致命的です。お箸の前に、まずはペンの持ち方から確認していく必要がありますね。

では、今お近くにあるペンを持ってみていただけますか？　親指、人差し指、中指の3本でしっかり支えられていますか？　その時の親指の位置が問題なので、まずはここできちんと確認いたしましょう。

人差し指の先から第一関節の間ほどに親指の先がくるようにしてください。第二関節までずれてしまってはいけません。そして、親指の先が人差し指の上にはみ出てしまうのは、なおいけません！　親指、人差し指、中指の３本の指先が、大きくずれることなくしっかりとペンを支えていることが基本です。

これができましたら、ペンをお箸に持ち換えてみましょう。まずペンの時のように、１本のみ持ってみてください。もちろん、親指、人差し指、中指の３本です。次に、親指の付け根にできた空洞の部分に、もう１本のお箸を入れます。この際も３本の指の位置は決して変えないことがポイントです！　新たに持った下側のお箸は、薬指の第一関節辺りで支えるだけ。その時せっかく３本で持ったはずの中指を下のお箸に移動させないでくださいね。

さあ、このまま上側のお箸だけ上下に動かしてみましょう。先ほど作った指先の位置は絶対変えないでください。すると……下側のお箸は固定されたまま動かず、上側のお箸だけが上下に動き、箸先が合うようになりましたでしょうか？　これで小さなものまでが摘めるというわけです。握り箸やクロスさせた誤った持ち方では、細かいお料理が上手につかめないのは〝あたりまえ〟です。

この見た目も美しい、正しいお箸使いができてこそ、『育ちがいい』大人の女性です。彼から和食店へのお誘いを受けても躊躇することなく、「まあ素敵！　ぜひ」とお返事できるよう、お箸のレッスンは毎日お続けください。

お箸の上げ下げでも『育ち』はわかる

右手→左手→右手というように、お箸を取り上げる際には必ず三手で行うようにします。右手だけで取り上げる、もしくは、左手から取り右手に持ち替える、など粗雑な所作はなさらないように。お箸を置く時ももちろん三手で、この逆の順序で行います。そのような丁寧で美しいあなたのしぐさを、彼はきっと見ていますよ。

割り箸の割り方で『育ち』がわかる？

割り箸の扱いでも確実に『育ち』や品がにじみ出ます。あなたは箸留め、帯を破ってしまってはいませんか？　また、お箸を両手で縦に持って割ったり、2本のお箸をすり合わせてささくれた部分を削ったりするのも、もってのほか！　お箸は横に向けて持ち、淑女らしく手元で静かにそっと割りましょう。

お箸置きは何処へ

お箸置きが用意されたお店では、お食事の途中も終了時も、お箸は必ずお箸置きに戻すようになさってください。ちゃんとご用意があるにもかかわらず、別の場所に置いてしまったりしていませんか？　器の縁部分に置く『渡し箸』はマナー違反です。

知らないと恥ずかしい　逆さ箸

多くの方が勘違いしているマナーに『逆さ箸』があります。せっかく彼にお料理を上手に美しく取り分けてあげようとしても、自分のお箸を上下逆にして使ったら、それはマナーを知らない女性と評価され、格下げになっても仕方ありません。きちんとお取り箸を使って取り分けてください。

気が利く女性でしょうか？　お片付け

もうひとつご注意いただきたいのが、良かれと思ってなさっているお皿の重ね置きです。食べ終わったお皿を、お店の方が片付けやすいように重ねて隅に置いておく、という光景はたまに見かけますよね。重ねてもまったく構わないお店なのか？　もしくは、大切な器を傷つけてしまう可能性を好まないお店なのか？　また、下のお皿の汚れなどが上に重ねたお皿の底面に付着してしまうのはどう考えるのか？　お客さまが片付けることをありがたく、助かると思ってくれるお店なのか？　はたまた彼への気が利く女子力アピールなのか？　純粋な親切心からだとしても、そのお店のランクなどをよく考えてからなさってください。

手皿は淑女の所作？

左手を小皿のように添えて召し上がるしぐさ、いわゆる手皿というもの。実に頻繁にお見かけしますよね。実は、こちらは立派なマナー違反となります。ところが、『上品』と勘違いしている女性がまだまだ大勢いらっしゃるのには驚きます！

テーブルマナー講座での生徒さんたちにも、プライベートで行ったレストランでも本当に目につきます。また、テレビでも多くのタレントの方がなさっているので、そのような勘違いが生じるのかもしれません。でも、本書をご覧のみなさまは決してなさらないでくださいね。この所作は、上品どころか逆に『下品』なのですから。

ポイントアップ！　骨付きのお魚を美しくいただく

お魚が丸ごと、骨付きで出た場合、ほとんどの女性が戸惑います。だからこそ上手に、そして品よくいただければ高得点！　彼が思う理想の結婚相手へまた一歩近づけるかも？

お魚は決して表裏をひっくり返さず、上身から召し上がっていきます。上身を食べ終えたら、中骨を外してお皿の奥側へ置き、今度は下の身に進んで召し上がってください。難しそう？　はい、骨付きのお魚はやはり練習が必要です。いつ焼き魚一尾が出ても困らないよう、今後召し上がる機会をつくっておいてくださいね。

唐揚げのレモンなどなど……

『唐揚げのレモン問題』をはじめ、彼のグラスにまだビールが残っている時の注ぎ足し、すき焼きや焼肉などのこだわり、鍋奉行……など、自分が〝あたりまえ〟のようにしてきた食べ方や我が家の慣習が、彼の好みと一致するとは限りません。もちろん違ってもいいのですが、彼流のやり方や意向を確認せずに、『喜んでいただけるつもり』との思いでササッとやってしまうと、そこであなたの品性が疑われることになります。

「レモンかけます？」「ビール、飲み切ってからのほうがいいかしら？」と、ひと言聞いてごらんになれない方は、一事が万事、いわゆる空気が読めない残念な人……という印象となってしまうでしょう。

お酌こそ品よく

ビールは瓶の持ち方や注ぎ方でもやはり品が問われます。手首をクルッと裏返して持つ、いわゆる〝逆手持ち〟でお酌をなさる所作は、ちょっとこなれた雰囲気と思う方もいらっしゃるのですが、実はかえって下品に映ってしまいますので、こちらもお避けください。

フレンチ店での"一流女性"のふるまい

テーブルにズラッと並べられたナイフとフォークはどれから使う？　食べている途中と食べ終わった時の置き方は？　など、フランス料理をはじめイタリア料理など、基本的な洋食のマナーは、みなさんすでにご存じでいらっしゃるかと思います。

ここでは、どのマナー本にも書かれているベーシックなテーブルマナーではなく、そちらはすでに熟知されているという前提で、さらに"一流女性"を感じさせるエレガントなふるまいのコツをお伝えしましょう、と考えておりましたが……。

お若い方で、格式高いレストランでのご経験がまだ少ない方もいらっしゃるのでは？　ご安心ください。洋食の基本マナーからお話しすることにいたしますね。

後に、彼のご両親からちょっとかしこまったレストランへのお食事にお招きされるかもしれませんね。そのような大切な場面でも、慌てず落ち着いて『育ちがいい』ふるまいができるよう、ぜひすべて確認しておいていただきたい内容となります。

クラッシーなお店に誘われたら

彼から格式、クラス感のあるレストランに誘われたら？　まずはお店のホームページなどでドレスコードを確認し、そのお店に最もふさわしい服を選ぶのは〝あたりまえ〟。しかし、ちょっと見落としがちなものがあります。それは、バッグ。仕事がある日には大きめなバッグをお持ちの女性も多いでしょう。あれもこれも……と荷物が増えがちな女性にはトートバッグも重宝しますね。

では、その大きなバッグでハイクラスなレストランのダイニングに入り、ご案内されたテーブルまで持って行く……。それはいかがなものでしょう。格式あるレストランでしたら、きっと「お客さま、お荷物をお預かりいたしましょうか？」と尋ねられるでしょう。たとえ疑問形であったとしても、お店の本音としては『そのような大き

なお荷物はダイニングにお持ち込みにならないでくださいませ』ということです。トートのような大きなバッグは当然、クロークに預けるものなのですから。

そこで困ってしまうのが、『え、じゃあお財布と携帯とメイクポーチだけ持って入る!?』ということ。または、『お化粧ポーチに携帯を入れちゃいましょう』と、ゴソゴソ移し始める?『でも、お財布は入らない! 仕方ない。お札とカードだけ抜いて……』など、彼やスタッフの方の視線がある中、慌ててしまいますよね。まさか、レディが手ぶらというわけにはいきませんし！

そのようなランクのお店に行くことがあらかじめわかっている場合は当然ですが、たとえ予定がなくとも、いつ何どき彼からハイクラスなお店へ誘われても困らないよう、常に必要最低限のグッズが入れられるクラッチバッグなどを、トートバッグの中に入れておきたいものです。本書をお読みの賢い女性は、これも〝あたりまえ〟になさってくださいね。

間違えないで。席への向かう順序

「ではお席へご案内いたします」とお店の方が誘導してくださったら、躊躇することなく彼より先を歩いてください。男性に「あ、どうぞお先に」などと譲るということは、レディファーストを重視する洋食レストランの場面ではまったく不要です。エスコートされることに慣れていない女性と思われ、逆に彼に恥をかかせてしまうかもしれませんよ。

一度でピタッ！と座れますか？

「どうぞお掛けくださいませ」と椅子をひいていただいた際、腰掛けた位置とテーブルが離れすぎていて、自分で椅子を前へずらし座り直した経験はありませんか？　これは決してエレガントな姿とは言えません。一回でピタッとちょうどよい位置に座りたいものです。では、どうすれば座り直すことなく最適な位置に腰掛けることができるのでしょう？

椅子をひいていただきその前にあなたが立たれたら、サッと座るのではなく、ゆっくりと腰を下ろしてください。その間に椅子が適度な所まで押されますので、最適な座り位置となるはずです。往々にして、みなさん、腰を下ろすのがお早いのです。エレガントな女性は余裕を持った所作でないといけませんね。

手首と肘のご注意

お食事の最中もお料理が出てくる合間も、テーブルに手をのせる際は手首辺りまでと心掛けてください。肘近くまでのせてしまうと、途端にお行儀が悪く見えてしまいます。これは、どんなにカジュアルなお店であっても『育ち』が出てしまう、常に気をつけたい所作です。

カトラリーを知らずして、"一流女性"とは言えません

では、ここで問題です。オードブル用ナイフとフォーク、スープ用のスプーン、そして、お魚料理用のナイフとフォーク、さらに、フィッシュスプーン、お肉料理用のナイフとフォーク。これらカトラリーのシェイプの特徴や他のカトラリーとの違い、そしてどのように持ってどのように使用するのかということ、あなたは明確にお答えできますでしょうか？

即、「もちろん」と答えられた方は、おそらく基本のテーブルマナーはほぼ合格の女性です。しかし、ちょっとでも不安に思われた方は、〝一流女性〟とはまだまだ言えません。

使い方がわからないと、彼より先にはお料理に手をつけられないですよね。彼が召し上がるまで待ってその姿を盗み見し、真似をしながらいただくのに精一杯！「このお料理にはこのフォークでいいのかしら？」「この持ち方、間違ってる？」「恥ずかしくて聞けないし……」など、オドオドしてしまう。こんなお食事デートでは、せっかくのふたりの時間を楽しめません。第一、あなた自身が情けなく感じてしまいますね。

このように、周りを見て真似などしなくても堂々と使いこなすことができ、エレガントに召し上がれる〝一流女性〟となるよう、この後のページを丁寧に確認してまいりましょう。

このカトラリーはどのお料理？

テーブルの上にカトラリーがズラーっと並んでいたら……？　「外側から使う、ということだけは知っています」とほとんどの方はおっしゃいます。そうです、外側からが正解です。但し、それがわかっていても、迷う方が多いのはなぜでしょう？

私のテーブルマナー講座の途中でも、「あらら？　フォークが足りなくなってしまいました！」。また逆に、「先生、これ余ってしまいました」と生徒さんたちがよく訴えてきます(笑)。

ひとつのお皿に対して、3つのカトラリーを使うようにセットされている場合もあります。使い方がわからないものがひとつでもあると、使用していく順番がずれてしまうのでしょう。そこで、よく生徒さんたちが間違えがちなこと、そして、よく受けるカトラリーに関する質問をご紹介してまいりますね。

生徒さんからよくあるご質問 4つ

1 魚用と肉用を見分ける方法

こちらは意外と簡単です。だからこそ、彼の前で間違えてしまったら、かなり恥ずかしいかもしれませんよ！

お魚用のナイフ&フォークは、装飾が施されデコラティブなものが多いです。逆に、お肉用のナイフ&フォークはシンプルな仕上がりとなっています。それだけでも簡単に見分けることができるはず。また、お肉用のナイフは、刃の部分がいかにも切れそう！という仕様なので、刃をよくご覧になってご判断なさるのはそれほど難しいことはないでしょう。まずは、冷静に観察してみることです。

2 フィッシュスプーンという存在

結構な割合の生徒さんが「初めて見ました」「見たことはあるような……使うのは

初めてです」とおっしゃるのが、フィッシュスプーンです。フラットなスプーンの形状のものですね。この使い方に自信がないと、「間違ったら恥ずかしいから……」と、まるで無かったことのようにテーブルクロスの上に置いたままになっている、というケースが多発しています(笑)。

このフィッシュスプーンは、そのネーミングのようにお魚をはじめとした柔らかいお料理をナイフ代わりに切ることができます。また、ソースを一緒に味わってほしいお料理の時にも出てまいります。ナイフと同じように使えるのに、お魚用ナイフもちゃんと出てきたりするので、みなさん混乱してしまうのですね。

さて、先ほど「お魚をはじめとした……」と申しましたが、フィッシュスプーンとはいえ、様々なお料理やデザートでもサービスされます。その名前から「お魚料理だけのもの」と思ってしまうと、また混乱することになりますので、どんなお料理にもセットされる可能性があることを覚えておいてください。

3　フィンガーボウルって何？

フィッシュスプーンに次いで、「初めて見ました！」とおっしゃる割合が多いのが、このフィンガーボウルです。シルバーの小さなボウルに水が入っています。小さいレモンスライスが浮かんでいることも多いですね。

実は、嘘のような本当のお話ですが、私のフランス料理テーブルマナー講座で、このフィンガーボウルの水をお飲みになった男性がいらっしゃいした。ご本人が「飲んじゃいました！」と明るくおっしゃっていたので、他の方々も和やかに笑って済んだのですが、これが緊張する彼とのデートでしたり、ましてや、彼のご両親との会食の場面だったとしたら……？　女性としては相当落ち込んでしまいますね。

フィンガーボウルはその名のように、〝指〟のためのボウル。つまり指先を洗うためのものです。ということは、フィンガーボウルが出てきましたら、そのお料理は手を使っていただいてもよい、というサインとなります。

例えば、殻付きロブスターや貝類、骨付きのお肉など、殻を押さえて身を取り出したり、骨を持ってナイフでカットしたり……と、ナイフフォークだけでは上手にいただけない時に手を添えられるのは助かりますね。その後、このフィンガーボウルを使用します。飲まずに指を洗いましょう！

4 ナプキンはどのように置いていますか？

まず、膝への掛け方の質問です。あなたは普段ナプキンをどのように置いていますか？　長方形にふたつ折りして？　すべて広げて？　三角にふたつ折り？　実はどちらの置き方でもよろしいのですが、現在の主流は長方形のふたつ折りです。その際、輪のほうを手前、身体側にして膝に置きましょう。

では、口元を拭うのはどの部分でしょうか？　ふたつに折った上側の裏面です。こちらですと、拭った後で膝に戻しても、周囲の方に使用した部分が見えませんね。

そして、食事が終わったら、綺麗にたたんではいけません。「おいしくなかった」という残念なサインとなってしまいます。ですからどんなに几帳面な方であってもピシッとたたむのはNGです。ただし、女性が大胆にクシャクシャとするのは淑女としては少々考えもの。軽くずらしてラフにたたむくらいでもよいでしょう。

ビュッフェでの女子力アピールはマナー違反

立食パーティやビュッフェの場面で、勘違い女性が張り切ってなさってしまう〝気が利く女子〟のアピールがあります。それは、ご親切に他人の分まで取ってきてさしあげること。

ビュッフェのルールとは、ご自分が好きなお料理を、ご自身が召し上がれる量だけ取るというもの。人の分までも取っていらしたらこれはマナー違反となります。ましてや、洋式であるビュッフェという空間で、男性の分をいそいそと運ぶなどはもってのほか、となるわけです。このマナーを知らずに、気が利く、心遣いのある女性を演じても、実は滑稽な姿となってしまうのです。

ですから、もし「お、ありがとう！　気が利くねぇ」などとおっしゃる男性がいらっしゃったら、"一流女性"のパートナーにはふさわしくない方、ということになるでしょう。

コートをエレガントに着る

クローク に預けたコート類。「お召しになりますか？」「お客さま、どうぞ」と差し出されるシーンでも、あなたの品とレベルが問われます。もちろん、彼が着せてくださる時もです。

背中側からコートを差し出されたら、あなたは両手をどのように出していらっしゃるでしょうか？　手先があなたのウエストより低めでしたら正解。しかし、男性からエスコート受けることや、お店の方にコートを着せていただくことに慣れていない女

性というのは、ついつい両手をご自身の肩の辺りまで上げて出してしまうのです。このやり方ではスムーズに袖を通せず、とてもぎこちない所作となります。なんといっても、優雅な女性には映りません。

〝一流男性〟として、レディファーストをはじめ、数々のエスコートをスマートにこなせるということは大切です。ただし、それを受ける側の女性にも同じように求められるものがあるのです。それは、彼のエスコートを受けるのにふさわしい優雅なふるまいが〝あたりまえ〟に、自然にできているか、ということです。男性がスマートにエスコート、そして、それを女性がエレガントに受ける……おふたりが共にできてこそ、素敵なカップルとなるわけです。

レディがごちそうになる時

特にお付き合いしたての初期のお食事デートの場合、「お支払いってどうしたらいいの？」と迷ってしまいますね。男性の考え方、女性側の考え方が一致していないと戸惑ったり、お互いに違和感を持ってしまうこともあるでしょう。しかし、だからこそ、その部分の認識が合う方とのお付き合いは、とても心地よいものになるのかもしれません。

〝一流男性〟といわれる方は、女性に食事代を払わせることや、割り勘になさることは稀かと思います。しかし、男性が女性にごちそうするのが〝あたりまえ〟という考えは、品性ある女性としていかがなものでしょう。彼がごちそうしてくださった際は、感謝の気持ちを言葉で伝えることを忘れないあなたでありますよう。

Step 6

“一流の彼”との結婚は、あなたと彼、
ふたりだけの問題ではありません。
彼ママを味方につけて、
「この方なら○○家にふさわしい」と
思ってもらえるよう、賢くふるまい
確かな幸せをつかみましょう。

Step 6 Emi

彼のご両親を味方につける。顔合わせ
～彼ママを制する者は、結婚を制す

念願叶って、晴れてプロポーズをされたとしても、
そこで婚活終了ではありません。
なぜならあなたのお相手は、“一流の彼”。
彼のご両親やご親戚、上司やお友達……etc.
彼を取り巻くすべての方に認められてこそ、
初めて婚活成就となるのです。
ここからは、彼ママにも「この方なら」と
味方になってもらえるふるまいを伝授します。

Step 6 ここからが本番！ 周りを味方につける

美しく品の溢れるふるまい、こまやかな心遣い、そして、しっかりとご自身を持たれている凛とした姿のあなたに彼は惹かれ続け、プロポーズを受けることができた……そこで、すっかり安心。ということにならないのが結婚の難しさ。特に彼がハイスペックといわれる男性の場合、彼のご両親をはじめとしたご家族やご親族、ご友人はもちろん、場合によっては上司などの意見も、おふたりの結婚の行方を大きく左右してきます。

大変残念なことに、そのうちのたったおひとりの反対によって、順調に交際を続け信頼し合ってきたふたりの仲が徐々にギクシャクしてきてしまい、それをなかなか修正できず、あの頃に戻れず、お話が白紙に……いわゆる破談となってしまうケースが私の周りでも決して少なくないのです。

私のスクールでのカウンセリングの際にも、そのようなお辛い出来事をご経験され、その悲しさ、虚しさ、やりきれなさをもう何ヶ月も引きずっている。諦めきれない……という女性の方々のお悩みを幾度お聞きしたことでしょう。本人同士がどんなに順調にお付き合いを重ねてこられたとしても、無視はできない方の意見により、ふたりの将来が思いもよらぬ方向へと進んでしまう、といった事態が起こらないように。彼のお取り巻きの方々に心から祝福していただけるように。品性と賢さと優雅さを認められる女性となるように。本書のクライマックスに向かってお進みください。

彼ママを制する者は結婚を制す。初めての実家訪問

まずは最も難関である彼ママから絶対なる信頼を得て、そして彼の身内を味方につけられれば、誰もが羨むスムーズなご成婚の道へと繋がります！

ドキドキの『彼のご実家訪問』。あなたの運命の日を前に、あらかじめご準備すべき事柄や心構えのポイントをまとめてみました。あなたが当日に安心してふるまえ、彼のお母さまをはじめ、ご家族全員から高評価を得られるよう、余すことなくチェックしていきましょう。

手土産はあなたの品性、センスを映す鏡

たったひとつのお品ではありますが、手土産とはあなた自身のランクを顕著に映し出します。あなたの趣味嗜好、相手の方の好みを把握なさる賢こさ、心遣い、包装紙や箱、品物の見栄えに関するセンス、場面に適した価格などの贈り物に対する常識……そのすべてが、たったひとつの包みに凝縮されています。

手土産は〝一流女性〟としての資質が問われる、重要アイテムなのです。

最高のひと品を選ぶために

まずは、ご両親のお好みを彼にお聞きすることから始まります。この簡単なことをなさらない女性も少なくないのですが、こちらは基本中の基本。話題のケーキや入手困難な焼き菓子を苦労なさって手に入れても、スイーツをまったく召し上がらないお母さまだったら……？　後悔なさっても後の祭りです。

また、ドクターストップとなっているものはないか？　ご健康上で気にされているものは？　などの情報は彼にお聞きしないことにはわかりません。これらを把握するのは〝あたりまえ〟のことでしょう。

もしご両親が小食でしたら少しずつ分けて召し上がっていただけるよう、どの程度お日持ちするか？　小分け包装されているか？　といった点もお品選びの条件に加わります。

さらに、切り分けたり剥いたりなさる手間が掛かっても問題ないか？……などあらゆることをリサーチされ、総合的な判断で最適なものを選びたいものです。

それらの条件をすべてクリアしたお品を、ひとつだけではなく、必ず2～3種類の候補とお店も考えておいてください。なぜなら、迷いに迷って「これだわ！」というお品が決まったとしても、お持ちする前日や当日にそのお店が急きょ臨時休業となる可能性もあります！　そんなハプニング時に、もし冷静な判断ができず、慌てて不本意なお品を購入しお渡ししてしまったら、何とも悔やまれますよね。

手土産とは上質なあなたのセンスと心遣いの見せどころです。ぜひ、ゆっくりじっくり念入りに選びましょう。

渡す場所であなたのランクが測られる

お時間をかけて厳選した手土産も、あなたがお渡しする場所やふるまいによっては、その想いや心遣いが水の泡になってしまうかもしれません！　お渡しする際のマナーを確認しておきましょう。

あなたは、どちらかへお呼ばれの際、玄関を上がる前に、靴をまだ履いたままで「あの、こちらどうぞ……」と手土産を渡したことはありませんか？

手土産は、玄関や廊下などではお渡しししません。基本、お部屋に通されてからとなります。応接室やリビングで、ひと通りのご挨拶が済んだところで初めて差し出してください。

その紙袋、どうしてます？

さて、ここでもうひとつ大切なご注意があります！　そう、購入されたお店の紙袋です。紙袋に入れたままでのお渡しはＮＧ。雑誌でもネットでもよく書かれていることでもありますし、また私もテレビ番組などで頻繁にお伝えしているマナーなのですが、袋ごとお渡しなさる方はまだまだいらっしゃるようです。必ず手提げ袋から出し、箱の正面を相手側に向けて丁寧にお渡ししましょう。

迷います！ 服、靴などなど……

ご両親揃ってお会いする場合であっても、特に装いに関してはお母さまの目を第一に考えて選ぶことが賢明です。とかく同性の方の目というのは厳しいものですし、女性は細かいところまで実によく気がつく、ということもご存じの通りです。

では、装いについてひとつひとつ丁寧にアドバイスさせていただきますね。彼のご実家初訪問の場面を頭の中でイメージしながら、ご一緒にお考えください。

1　まずはスカート丈から

目上の方にお会いする場合、膝が半分以上隠れるスカート丈が条件です。また、肌の露出を控えるのも〝あたりまえ〟の礼儀です。色、柄、形についても品がよく、しかし、決して地味すぎるのではなく……このように考えていきますと、男性の定番であるスーツに比べ、女性の服選びとは、種類もアイテムも多い分、本当に大変！　実に悩むところですね。

さらに、和室に通されたことまでも想定に入れますと……ますます課題が増え、憂鬱にさえ感じてしまうかもしれません。

畳のお部屋では、タイトスカートは正座がしにくいですし、また、裾も上がってきてしまうので終始気になり落ち着きません。裾に余裕のあるふんわりしたフレアーやギャザースカートなどになされば、安心して過ごせるでしょう。この安心感というのが、緊張した場面ではとても大切になります。

2　意外にたくさん。靴のご注意

①　ブーツの問題

通常、パンプスを履かれていく方がほとんどかと思いますが、念のため確認しておいてください。

ご承知のように、ブーツは脱ぎ履きに時間が掛かります。真冬のお寒い時期であったとしても左記の理由から避けたほうが賢明でしょう。

緊張する「初めまして……」のご挨拶の直後、ご両親が見つめる中でブーツを脱ぐ所作はかなり難易度が高いことは申し上げるまでもありません。さらには、脱いだ後も、ロングブーツがあっちにこっちにと倒れてしまいますと、相当見栄えが悪くなり、意に反しあなた自身が粗雑な女性のイメージとなってしまいますので注意が必要です。向かう途中のどちらかで、もしくは、彼の車の中でブーツからパンプスへ履き替えるなど、冬のご訪問の対策は考えておく必要があるでしょう。それでもどうしてもブーツとおっしゃる方は、終始見られていても大丈夫なように、また、お待たせすることなく脱ぎ履きができるように、スマートでスピーディな所作を練習なさっておいてください。

② バックベルトのタイプは？

こちらも手で踵のベルトをずらす、はめるといったひと手間が掛かってしまいます。その際、片脚立ちになるため身体のグラつきも心配ですので、やはり緊張される場面では避けられたほうが無難かもしれません。

③ どんなに可愛くともミュールはNG

では、冬以外の季節についても念のため記しておきますね。可愛らしいミュールも、フォーマルに近いシーンでは受け入れられません。サンダル、つっかけ、というイメージになってしまいますので、ごく普通のパンプスで訪問なさるのが賢明です。

初訪問は、ほんの少しの手間であってもあなたの緊張が増し、何か失敗に繋がる可能性もあります。繰り返しますがスムーズに脱ぎ履きができる、ごくごくシンプルなパンプスを私はお勧めいたします。

3　素足、なま脚も×

特に真夏は他国では履く方が圧倒的に少ないストッキングですが、日本では硬めのビジネスシーンやランクある和食店、そしてご自宅へのご訪問の際は着用すべきです。和室でのストッキングに関するマナーは、彼との和食デートに関するページでも触れましたが、特に彼のご実家への訪問は和室でなくとも、ストッキング着用が必須となります。

つい先日も、海外生活が長かった私の生徒さんで、春夏はなま脚、秋冬はタイツで、「ストッキングなんぞひとつも持っていません！」という方がいらっしゃいましたが、日本人の彼のご実家にお招きいただいた時には、生まれて初めてストッキングをお買いになっていただきました(笑)。「先生、カラーは何がいいですか？　厚さってあるのですか？」などたくさんご質問されましたが！

4　ネイル・ペディキュア・マニキュア

目上の方に好感が持たれるネイルカラーといえば、やはりベージュ系や薄いピンク系、薄いオレンジ系でしょうか。ネイルアートに関しても、幅の細い控えめなフレンチネイルや、光沢が控えめなラメを少し、よくご覧にならないと気づかないほどのストーンを片手にひとつずつ……といったイメージです。

なお、マニキュアではなく、すでにジェルネイルをなさっていた場合は、ご自身ですぐに落とせないこともありますし、ネイルサロンの予約を取らないとなかなかチェンジできないことも。その点も考え、目上の方に眉をひそめられるネイルアートは普段から控えるようにしておきたいものです。

また、ペディキュアについても同様。スリッパへの脱ぎ履きの一瞬であっても、真っ赤な足先には自然に視線がいきますし、和室でしたらなおさらです。着用されるストッキングのつま先の厚みに合わせて、透け具合を確認しておきましょう。

5　アクセサリーは引き算で

アクセサリー類はとにかく『引き算』で考えていきたいもの。ピアスやイヤリング、ネックレス、指環、ブレスレット……大きさや太さ、ボリューム感をトータルで検証してください。特に指環は2本以上はお勧めできません。また、彼からいただいたステディリングであっても、左手の薬指というのはいかがでしょう？　とも考えます。とにかく初回訪問は控えめに越したことはないのですから、『引き算』でまいりましょう。

6　NGなバッグ

大切なご訪問、フォーマルに近いお伺いとなるのですから、レストランデート編でご説明しましたのと同様に、大きなトートバッグや仕事用の味気ないバッグは避けたいものです。キャンバス地や遊び感覚のビニール製などももちろん不適切ですね。いわゆる、小ぶりの典型的な〝ハンドバッグ〟タイプが一番です。

そして、申し上げるまでもなく、ブランドのロゴがこれ見よがしな仕様のバッグも初対面ではよい印象は与えられません。すべて控えめになさって。

コートのたたみ方で『育ち』が出る

お目に掛かる前にコート類は脱いでおくのは〝あたりまえ〟です。では、コート類のたたみ方のマナーについてはご存じでしょうか?

あなたはご自宅訪問の際、表裏どちら向きでコートをたたんでいますか? 正解は裏にしてたたんでから家にお邪魔する、です。これは、外の埃やちりを相手の家に持ち込まない、落とさないという配慮です。もしあなたがこちらのマナーをご存じなく、表向きに折ったままでお部屋に入られますと、息子の結婚相手としてはふさわしくないという評価になるかもしれませんよ。

初ご挨拶。なんて言う？

装いも完璧に整え、自信のパーフェクト手土産の準備も完了！　さあ、いよいよご両親にお目に掛かった際の第一関門、あなたの資質が試されるであろうご挨拶について考えてまいりましょう。

「はじめまして。○○と申します」「こんにちは。○○でございます。よろしくお願いいたします」、こちらのご挨拶は定番ではありますが、もうひと言欲しいところです。それは、「本日はお招きいただきましてありがとうございます」なのか、「突然で申し訳ございません」なのか、当日の状況やお母さま、お父さまのご都合などに合わせ、お礼のひと言やお詫びの言葉など、ぜひ気遣いある気の利くひと言をプラスなさってみてくださいね。

淑女のための和室マナー

昨今、畳での生活をはじめ、和室へお邪魔する機会も極端に減ってきているため、畳の上でのふるまいやマナーに自信がない方、ご不安をお持ちの方もたくさんいらっしゃるでしょう。もし、彼のお宅で恐れていた和室へ通されてしまったら?!「どうしよう……挨拶は立って? 座って?」「座布団のマナーって?」「手土産はどの位置で渡す?」「ずっと正座のまま? 崩していいの?」「足が痺れて、もしも立てなかったらどうしましょう!」……etc. もうご両親とのお話に集中するどころではありませんね。

しかし、「私の家には和室がないから」などは、〝一流女性〟として理由や言い訳に

はなりません！　淑女として、日本に住む女性として、和室のマナーと美しい立ち居振る舞いはしっかりと確認しておきましょう。

畳は縁を踏まないように歩きます。ご挨拶は必ず畳の上に正座をして行います。立ったままでの挨拶はＮＧです。ご挨拶が終わっても勧められるまで、座布団に座ってしまってもいけません。
お持ちした手土産も座布団に座る前にお渡しします。

そして、座布団を勧められたら、両手

のこぶしで座布団ににじり寄り座ります。決していっぺんにではなく、何回かに分けて行います。また、立った状態からサッと座布団に正座するのもいけません。一旦、座布団の脇に座ってから、右記のようににじり寄って座るのです。

もちろん、お暇《いとま》の際のご挨拶も、初めのご挨拶と同じように、座布団から外れて丁寧になさってください。

このように和室のふるまいが完璧な女性は、それだけで評価がかなりアップします。ですから、和室での所作に自信がおありの方は、彼のご実家のリビングルームや応接室といった洋室に通されるより、和室にご案内されたほうがかえって"一流女性"アピールに繋がるかもしれませんね。

ご両親の前。彼をなんと呼ぶ?

彼のご家族との交流の初期段階においては、彼の話をなさる時、「○○くん」「△ちゃん」のような普段と同じ親しい呼び方をしてしまっては、知的でわきまえた女性とはとても言えません。「○○さん」とお名前へのさん付け、こちら以外はないでしょう。

彼ママのこと、なんと呼ぶ?

そして迷うのが、彼のお母さまの呼び方です。特に、結婚を前提とした場合は「おばさま」は不適切ですね。やはり「お母さま」がよろしいでしょう。また、少々長くなりますが「○○さんのお母さま」という呼び方もお勧めしています。

お手伝いはどこまで?

これは実によくご相談される事柄です。「彼のご実家でお手伝いしたほうがいいですか?」「食べ終わったお皿はキッチンに運んだ方が好印象でしょうか?」など、みなさまから質問を受けています。いただいたお茶やお菓子、そしてお食事の"後片付け問題"ですね。

まだ婚約もしていない、お許しもいただいていない、ましてや初めてのご実家訪問では、あなたは『お客さま』です。それにもかかわらず、「お母さま、お手伝いいたします！」と、勝手な判断で、お皿やカップをいそいそとキッチンに運んだりしてしまうのは、まったく勘違いなふるまいであり、あなたの『育ち』や品性が疑われてしまいます。

それよりも、飲みものをいただいたグラスやお湯呑み、お菓子のお皿をさりげなくまとめたり、隅に寄せたりなど、ちょっとした心遣いをなさってみてください。こちらもあくまでさりげなく。

お暇《いとま》のタイミング

失礼するタイミングというのはなかなかつかみにくいもの。特にお話し好きのご両親で会話が盛り上がっていますとなおさら言い出しにくいですね。

初めてのお顔合わせであれば、1時間～2時間ほどで失礼なさるのがふさわしい時間と考えます。彼が「そろそろ行きますか」と言ってくださるとよろしいのですが、あなたからおっしゃるには、その言葉に悩むところですね。会話の微妙な間のところで「あら、ずいぶん長いお時間お邪魔してしまいました。そろそろ……」など、楽しくお話しして時間が経つのが早く感じた、といったニュアンスでお伝えするのがよろしいでしょう。

コートを着るタイミング

お玄関を出るまで、門を出るまで、マンションでしたらエレベーターに乗るまで、エントランスを出るまで……など、お見送りいただく場所やシチュエーションにより様々ですが、基本的にコートは、目上の方の視線に入っている間は着ないということとなります。ですから、ご両親がどちらかまで見送ってくださるかによって、当然着る場所は異なります。

では、彼ママから「お寒いのでどうぞお召しになって」とすすめられたら？　初めは「ありがとうございます」とお礼を言い、でもまだ着ません。「どうぞどうぞ」と2回目に言われたら？　「では、失礼して……」とひと言おっしゃってお召しになってもよろしいでしょう。

ご訪問が無事終了！　まだ安心しないで

ドキドキの『彼のご実家訪問』を終えたあなた。いくつか反省点があるにせよ、本当にお疲れさまでした。よくご準備されましたし、しっかりふるまえました。よね！

でも、実は帰宅されたらすぐ、次のやるべきことが待っているのです。

それは、お礼状。メールやＬＩＮＥではなく、お手紙、もしくはお葉書ということです。ご両親がとても歓迎してくださった、いろいろとお気遣いいただいた、など、心からおもてなしくださった際は、感謝の想いをやはりお書きするべきでしょう。特に、お食事をもてなされた場合はぜひお送りしてくださいね。翌日には投函できるよう、お早めにね。

さらにドキドキ。彼のご両親との会食

テーブルマナーや品よくエレガントに召し上がるノウハウは、先にも詳しくお伝えしました通りです。しかし、彼とふたりのレストランデートではなく、彼のご両親が加わることで、どのような違いが生じ、どんな気遣いが必要となるのでしょうか？

おふたりだけでしたら、彼はレディファースト、エスコートをしてくださり、あなたはそれをエレガントにお受けするだけですが、今度はあなたが彼のご両親をエスコート、ご誘導なさる場面もたくさん出てくるでしょう。

気になるそのふるまいをしっかりチェックなさってから向かってくださいい。

上座、下座が瞬時にわからないと……

目上の方、とりわけ彼のご両親とご一緒のシーンでは、訪れた先の上座、下座の席次がわからないと大変失礼にあたり、あなたの印象が一気に下がることも考えられます。「お父さま、お母さま、こちらへどうぞ」とお勧めしたお席が実は下座だったら……!? 取り返しがつかなくなってしまうその前に、よく確認しておきましょう。

基本的に、出入り口から遠いお席が上座、近い場所が下座となることはご承知の通りです。そちらを踏まえた上で、洋室と和室、また、他の要素も含めてトータルで判断しなければならない場合も多々あります。

お父さま、お母さまにご不快な思いをさせないよう、いえ、むしろ、一目置かれる女性となるよう、左記のポイントを頭に入れておくことが大切です。

・フレンチやイタリアンなど洋食店の席次

基本である『出入り口からの距離』の次に計算なさっていただきたいのは、椅子の種類、設え、調度品、景色などです。絵画やお花が飾られた場所、つまり、美しく設えられ心遣いが感じられる位置が当然上席となるということです。

また、お部屋の中のこと以外でも気にしていただきたいのが景色です。四季により、窓からの景色が愉しめる場合は、窓に背を向けた位置ではなく、そちらとは反対側で外がよく見えるお席が上座に変わります。

もし、諸々の要素を考慮した上でもまだ迷われましたら、お父さま、お母さまご自身がソファ席がよろしいのか、景色がよくご覧になれるお席がよろしいのか、心地良いほうをお聞きしてみましょう。ご両親のお好みをお聞きになれる余裕も大切ですので、軽く上座にご誘導なさった後は、お伺いを立てるのもよろしいでしょう。

また、日本ではは少ないのですが、稀にマントルピース(暖炉)があるダイニングや個室の場合は、そちらに近い位置が上席となることも覚えておいてくださいね。

・和食店の席次

出入り口をお考えになるのは和食店でも変わりませんが、もうひとつ大切な判断基準があります。床の間ですね。床の間に最も近いお席が一番の上席となります。

出入り口と床の間が対角線上に位置されていたり、離れている場合は、迷わずご両親にお勧めできるのですが、中には少々悩んでしまう和室のケースも。

ごく稀に、床の間が出入り口の隣に設置されていることもあるのです。この場合は、出入口が気になるところですが、床の間のほうを優先して判断なさるとよいでしょう。お店によって、そしてお部屋によって設えは異なりますので、もし迷われた場合はお店の方に確認されても恥ずかしくはありませんよ。

お食事シーンで恐い、『育ち』バレ

オードブル用・お魚用・お肉用のナイフ&フォークをはじめ、フィッシュスプーンなどカトラリーの見分け方とマナーについて、また、ナプキン、フィンガーボウルの扱い方についても、彼とのレストランデート編で詳しくお話しいたしました。

基本マナーにはもう心配がなくなったあなたも、彼のご両親の前ではまだまだ油断はできません。ふとしたところで眉をひそめられないよう、しっかりと確認しておく必要があります。

こちらでは、彼のお父さまやお母さまが同席される際の、和洋それぞれのマナーについてご説明いたします。私のスクールのテーブルマナー講座や個別テーブルマナーレッスンの場で、通常のマナーは問題ない生徒さんであったのに、意外なところでレベルが知られてしまった……という失敗例や、『あるあるお間違え』なども交えてお伝えさせていただきます。

洋食シーンでの落とし穴

・なんて無礼！ ナイフのNG

残念なことに、こちらは私が主宰するテーブルマナー講座でも頻繁に見られる大変失礼なマナー違反です。それはお皿にナイフを置く際、刃の側を相手に向けてしまうこと。他のマナーはある程度おできになっている生徒さんでも、この無礼な間違えをしてしまう方が30％ほどいらっしゃるのには、毎回私も驚いてしまいます！

本書をご覧のあなただけは、彼のお父さま、お母さまにナイフの刃を向けてしまい、二度とお食事にお誘いいただけないという、泣いても泣き切れない結果にならぬよう。ナイフは慎重に慎重に扱ってくださいね。

・パンでも『育ち』バレ

サービスされたパンにそのままバターを塗り、トーストのように持って召し上がる方はいらっしゃらないとしても、私のテーブルマナー講座で時折見られる残念な行為がありますので、そちらについてお話しします。

パンは必ずちぎってからバターを付けていただきますね。しかし、ちぎったパンをさらに噛み切って召し上がる方がいらっしゃるのです。これは見苦しい姿となります。必ずひと口で入る大きさにしてから口に運ぶようになさってください。

和食店で"一流女性"が行うべきふるまい

彼のご両親とご一緒の、和室・和食の場でしたらエレガントにふるまいたいものです。もちろん十二分に敬意を表しつつ。

日本人としての謙虚さや万事控えめなふるまい、そしてご両親への最大限の敬意を表すことが必要ですが、さらにそこに、ふとした瞬間に見える日本人女性の優雅なしぐさがプラスされようものなら……あなたは〝一流女性〟として認められ、嬉しい合格点をいただけるはずです。

そんな魅力あるふるまいについて具体的に知りたいですよね！　では、まず次のふたつを心得ておいてください。

1　三手の所作プラスアルファ

お箸の上げ下げの際には、必ず三手（右手↓左手↓右手というように、3回に分けてお箸を上げ下げすること）で行うことについては、先に（93ページ）でお伝えした通りですが、その時、あなたのちょっとした指先のプラスアルファな所作により、グッと品よく、上質な女性を演出できます。

利き手をお箸の上側から下側へ持ち替える際、パッと離すのではなく、お箸の表面に指先を滑らせるようにして移動させる……これだけでハッとするほど品よく優雅なしぐさとなります。

なお、この所作は、お箸をお箸置きに戻す時も同様となります。上げる際も置く際もこれらがごく自然にできるよう、お箸の上げ下げは続けてお稽古なさっておいてください。

2　ご存じですか？　お懐紙の使い方

そしてもうひとつは……小皿がわりや口元をおさえる時などに使用するお懐紙をご持参し、品良く使いこなすということ。しかもごくナチュラルに！

お懐紙は普段から使い慣れていないと、バッグから出すことさえなかなか勇気が要るかもしれませんが、このお懐紙をさりげなく使えると、あなたの〝一流女性〟としての要素がさらにひとつ確立されます。

まずは、控えめな透かし柄など、季節に合ったセンスの良いお懐紙と、そして品良いお懐紙入れをお探しになっておいてはいかがでしょう？

彼の上司は結婚へのキーパーソン

あなたに対する彼の上司からの評価は、彼のご両親、親類の方の次に影響を与える、と言ってもいいでしょう。彼が自身の上司に会わせるということは、お仲人をお願いするという可能性もありますので、十分慎重にふるまいたいものです。

ちょっと脅かしすぎたかもしれませんが、彼の上司を味方につけたら、これは結婚への強力な後押しになってくれますので、ここはしっかりとあなたの魅力や品性をお伝えになっていただきたいところです。

素直で控えめでありながらも、聡明さや賢さを兼ね備えた女性をアピールできれば、『彼が身を固めるにはふさわしい女性』と認められます。また、『今後、仕事にも良い影響を与えてくれるに違いない』と感じさせ、期待に応えられるお相手という評価もいただけるはず。

なお、上司の奥さまもご一緒にお会いするシチュエーションとなった際には、もう一段階控えめにふるまうことが必要です。なんといっても、男性の目より女性の目のほうが厳しいことはおわかりですね。

彼のご友人へのふるまい

彼のご友人やご親友を紹介いただけることは、女性にとって大変嬉しいことですね。今後長い間ご家族ぐるみで親しくお付き合いが続くことも多いかと思いますので、あまりかしこまり過ぎず、品とセンスのあるジョークを交えながら双方楽しくお話しできるのが一番でしょう。

お仲人へのふるまい

晴れて恋愛成就、ご婚約となっても、あなたにはまだまだ大切なお仕事、義務があります。それは仲人さんへの対応、ふるまいです。彼のご両親とご関係のある方や、彼の上司の方にお願いされるケースが多いかと思います。前ページのように、すでにお目に掛かった方がお引き受けくださることも少なくないでしょう。そちらを考えますと、上司の方とお会いする際にはますます身が引き締まりますね。

ご不安な際は、いつでも、本書に戻り、何度でも確認なさってくださいね。

Step 7

本物の“一流女性”とは、
自分の幸せを自分で選べること。
これから結婚するにあたり、
彼にすべてをゆだねていないか、
ご自身の心の中を点検してみましょう。

Step 7 Emi

そして、『選べる女性』へ
～本物の“一流”は、あなたが決める

ここまでで、“一流女性”のふるまいを
立派に身に付けられたあなた。
晴れて、意中の“一流の彼”との結婚も決まり、
幸せでいっぱいのことでしょう。
でも、もしどこかに一抹の不安があるとしたら……。
本物の“一流女性”とは、自分の幸せを自分で決め、
そして選べる女性のこと。本当に幸せに生きるよう
もう一度、心の中を見つめてみましょう。

Step

7

本物の"一流"は、あなたが決める

さて、本書の冒頭、「はじめに」でも触れましたが、私がみなさまに強く申し上げたかった、どうしてもお伝えしたかった章となりました。

意中の彼とお付き合いすることができ、彼のご両親やご親戚、その他、お取り巻きの方々にもよき結婚相手として認められ、ご友人たちからも羨ましがられ、みなさんに祝福され、人生最高のトロフィーを手にされたら……私も心から祝福し、あなたのことをとても誇りに思うでしょう。

ただし、その時のあなたに、微塵の不安もなかったら。

……と申しますのは、また私の生徒さんのお話となるのですが、彼とお付き合いを重ねてご結婚のお話が出た際や、ご婚約を済ませた段階で、次のようなご相談をされることが少なくないからです。

ハイスペックといわれる申し分のない彼ではあっても、「本当にこの人なのだろうか」という思いが自分のどこかにある。「彼以上に条件のいい男性なんて、この先現れるはずがない」と自分自身に思い込ませ、言い聞かせている。「この人を逃したら、一生結婚できないかもしれない」「彼のご家族との関係に不安があり、実はこの先心配だけど……」「今、破断になったらみんなにご迷惑がかかるし」「きっと両親が泣く」……。

など、理由は様々なのですが、150％の喜びに溢れ、ご結婚に向かっているのではない生徒さんの姿があるのです。

これまで『選ばれる女性』だけを目指し、意中の方から選ばれるように望んできた方にとっては、非常に難しい選択となるでしょう。しかし、あなたがご自身で選ぶことができる、賢い自立した大人の〝一流女性〟として、将来をご自身で選択し、決断することの意義、大切さを知っていただきたいのです。

上手に断つ、想いを捨てる、離れる……の選択は、あなた自身がなさらなくてはなりません。それこそが『ちゃんとした』『大人の』〝一流女性〟ではないでしょうか。

そう、お付き合いの相手、そして、人生のパートナーは『あなたが選ぶ』のです。

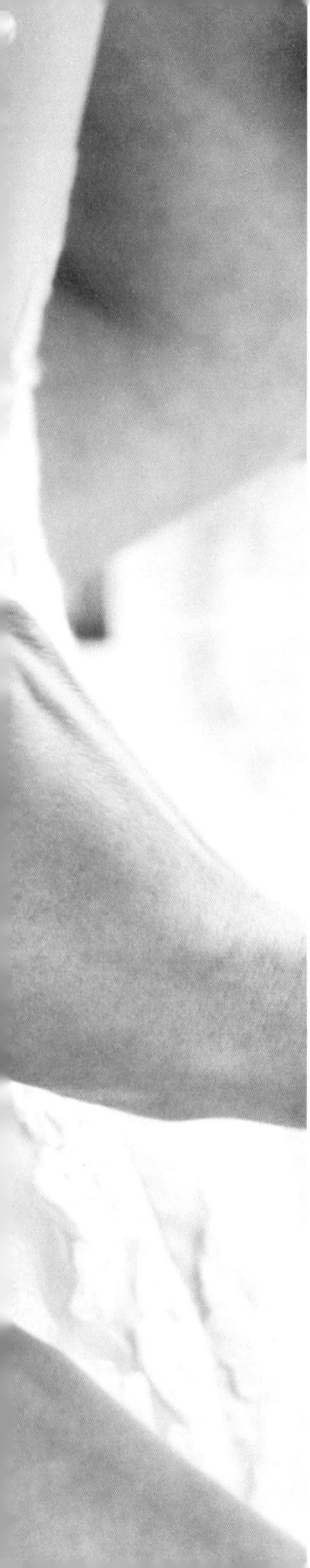

Step 8

“一流の結婚”を手に入れたあなた。
でもここからが本番なのです。
永遠に、そして日を追うごとに
ますます愛され大切にされるために
ゆるぎない高嶺の“華”でいるために
必要な心掛けとは?

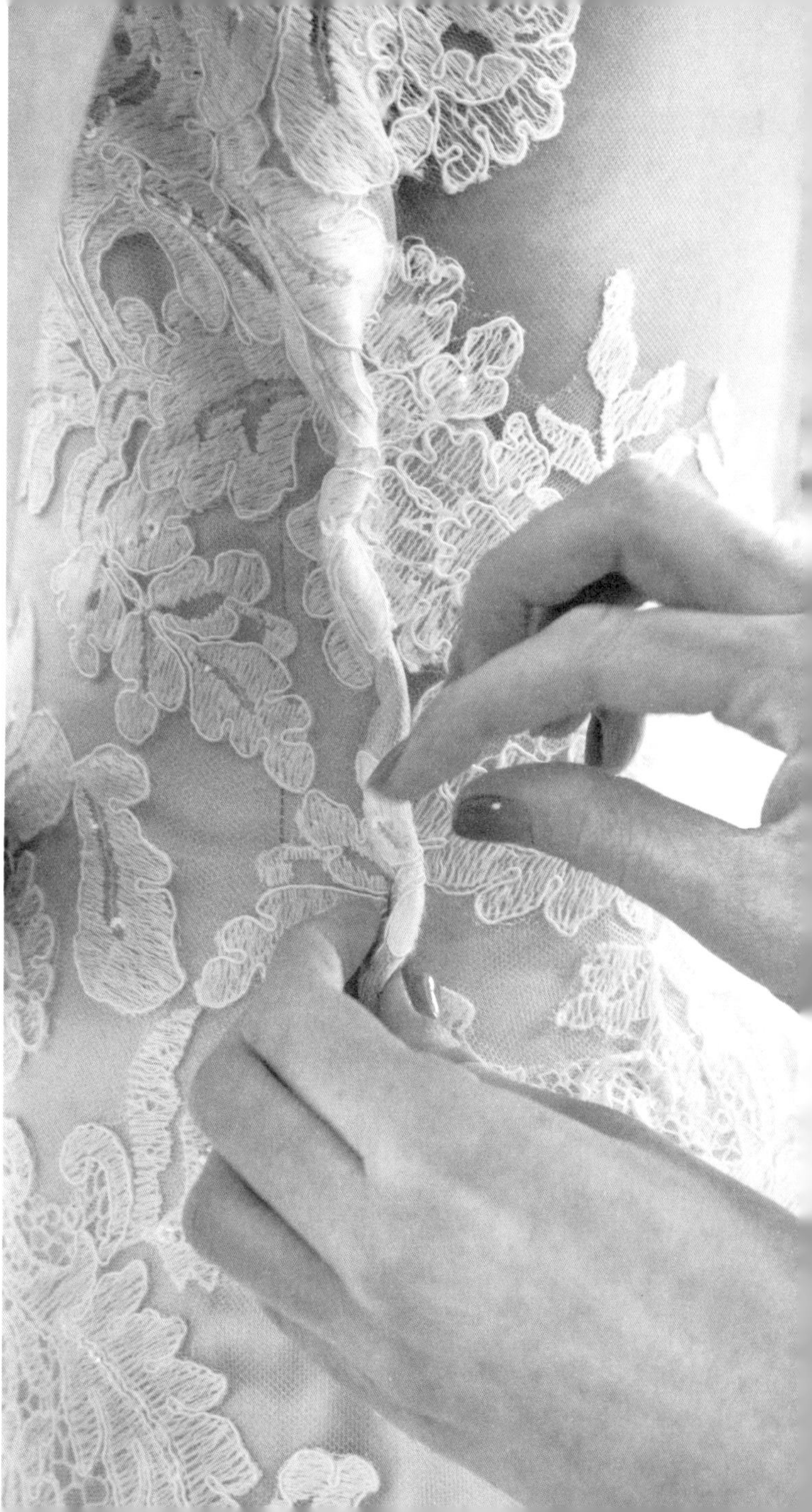

Step 8 Emi

永遠に離したくない女性になる

ご結婚、おめでとうございます!

もちろん「結婚はゴールではなく、始まり」です。

これからますます愛し愛され、

永遠に幸せでいるために。

一生、"一流女性"であり続けるために、

大切なことがあります。

Step

8

永遠の幸せを手に入れるために

祝 ご成婚！　Ｓｔｅｐ－７で述べたようなご心配がまったくなかったあなたへ。

心からご結婚のお祝いを申し上げます。

あなたはもうどこへ出られても恥ずかしくない〝一流女性〟となられたわけです。

ぜひ自信と誇りをもって今後の生活、人生を凛として歩まれてください。

お仲人さんへの贈り物。いつまで？

お世話になったお仲人さんには、お中元やお歳暮などの毎年のご挨拶や贈り物もそつなくこなさなければなりません。日頃の感謝を込め心を尽くして丁寧に気持ちをお伝えしたいものです。

お仲人さんへの季節のご挨拶である贈り物は、最低でも3年、通常は5年続けるのが礼儀となります。そのあたりもしっかり妻として、"一流女性"のふるまいを心掛けてください。

さて、無事ご入籍されると、安堵からこれまで気が張って、あなたなりに頑張っていらした気持ちが緩んでしまうことが考えられます。実は、本当に賢く、品格ある"一流女性"としてのふるまいが必要なのはここから、かもしれません。「結婚してメッキが剥がれた」などと思われないよう、『高嶺』から下ることのないよう、『永遠に離したくない女性』となるよう、今後も末永く日々お稽古を積み重ねていってくださいね。

お稽古に終わりはありません。
認定証や証明書なども不要です。
ご自身が『満足できるあなた』として過ごせることにより、おふたりともが豊かに、そして、幸せに寄り添っていけることでしょう。もしお子さんができた際は、美しい所作や凛とした生き方を、ぜひお母さまとしてお伝えくださると私も嬉しく思います。一生役立つ品性やマナーの教えは、後々、きっと感謝していただけるはずです。

この先パートナーとして人生を共になさる彼から、一生変わらず大切にされ愛され続けられますよう、ご結婚後もよりエレガントで、さらに品性を感じさせる〝一流女性〟となられますよう、時折、本書を読み返していただけますと幸いに思います。

おわりに

Epilogue

本書を最後までお読みいただき感謝申し上げます。

〝一流女性〟、高嶺の〝華〟へのお稽古をスピーディに始められた方は、このページにたどり着く前に、嬉しい成果がその分早く出ていらっしゃることでしょう。もう既に、意中の彼からお食事のお誘いを受けた方、いい形でお付き合いが進んでいる方、彼のご両親、ご家族とも良好なご関係を保てている方、もしかしたら、ご婚約をなさった方や入籍も済まされた方もいらっしゃるかもしれません。本書を通して私も微力ながらみなさまのお手伝いができたのであれば、とても嬉しく思います。

また、「とりあえず、この本を読み終えてから、本格的に婚活に取り組みます」という方。
これから高嶺というステージへ上がっていき、日に日に〝一流女性〟へ近づいていかれるあなた自身を、大いに楽しんでください。結果は必ずついてくるはずです。私も心から応援、お祈りいたしております。

本書の執筆におきましては、規定や制限などほとんどなく、様式もすべてお任せくださり、お伝えしたいことをそのまま、本当に自由に書かせていただきました。そのため、この数ヶ月間は、私にとりまして実に楽しく、濃い執筆期間となりました。広いお心で見守ってくださった扶桑社さん、そして、本書の発刊に携わってくださった多くのみなさまへ、感謝の想いを込めて心よりお礼をお伝えさせていただきます。ありがとうございました。

マナースクール「ライビウム」代表　諏内えみ

諏内えみ *Emi Sunai*

「マナースクール ライビウム」「親子・お受験作法教室」代表

VIPアテンダント業務、アテンダント育成指導の経験を経て、「株式会社 ライビウム」を設立。ひとり一人に合わせたオーダーメイドのプライベートレッスンをはじめ、毎回キャンセル待ちの出る「ハッ！とさせる 美しい立ち居振る舞い」「また会いたいと思わせる 会話力アップ」や「和・洋テーブルマナー講座」など、国内はもちろんアメリカ・中国・カナダなど海外でも展開。近年では、「婚活カウンセリング」「婚活プログラム」の人気が高く、多くの男性女性を成婚に導き、"諏内マジック"と絶賛されている。また、一部上場企業トップ陣や政治家へのマスコミ対応のメディアトレーニングを始め、人気映画・ドラマでの有名女優のエレガント所作指導、男優のスマート所作指導にも定評がある。テレビ・雑誌等メディア出演多数。「親子・お受験作法教室」では、難関幼稚園や名門小学校からも高い評価を集め、第一志望合格率95%を実現。

30万部突破ベストセラー『「育ちがいい人」だけが知っていること』(ダイヤモンド社)、『世界一美しい ふるまいとマナー』(高橋書店)、『オトナ女子のための 美しい食べ方マナー』(三笠書房)、『感じのいい大人が使っている 人づきあいの絶妙フレーズ』(PHP研究所)など著書多数。

一流女性のあたりまえ

発行日 2020年10月7日 初版第1刷発行

著　者 諏内えみ
発行者 久保田榮一
発行所 株式会社 扶桑社
〒105-8070
東京都港区芝浦1-1-1 浜松町ビルディング
電話 03-6368-8875(編集)
03-6368-8891(郵便室)
www.fusosha.co.jp
印刷・製本 大日本印刷株式会社

Printed in Japan
ISBN978-4-594-08555-1

Staff

装丁・本文デザイン
渋澤 弾、福沢真里
(弾デザイン事務所)

企画協力
プロダクション尾木

校閲
聚珍社

DTP
アズワン

編集
花本智奈美(扶桑社)